激レア
資金繰り
テクニック
50

菅原由一
SUGAWARA YUICHI

幻冬舎 MC

激レア　資金繰りテクニック50

はじめに

「借金は悪だ！」

そう思い込んでいる社長は多い。

顧問の税理士や会計士も「借入は少なめに」とか「無借金経営を目指しましょう」などとアドバイスする。


でもそれって本当に正しい？


資金がなければいざという時に十分な投資ができない。成長のチャンスを逃してしまう。

コロナ禍のような苦境に見舞われた時も、手元にお金がなかったらどうなるか。

売上が減り、運転資金がなくなり、会社がピンチになるよね。

資金不足のせいで会社の成長が止まれば、ライバル企業に差をつけられ、苦しい経営がずっと続く。

だから、負債がないことや黒字経営であることよりも、手元にキャッシュがいくらあるかがすごく重要。

私が資金繰りのセミナーや経営者塾で力説しているのも、この点。

延べ7000人を超える経営者に向けてセミナーをしてきたけど、そのなかに「借り過ぎた……」と言う人はいない。

むしろ、ほとんどの経営者が「借りておいて良かった」と言い、「もっと借りておけば良かった」と言う。

潤沢な資金があることで、事業を何倍にも成長させたり、窮地を耐え抜いたりすることができているからだ。

経営者の方々からは「借金しようと勧められたのは初めてだ」といった声もよくいただく。

実際は「借金をすること」は手段であって目的ではなく、「資金繰りを良くするために（借金をして）手持ちのキャッシュを増やし、会社を永続させること」が目的なんだけど。ただ、借金が資金繰りの有効な手段の一つであることに変わりはない。

だからこそ、あらゆる手を尽くして資金繰りをする。
それが会社の生存力を高め、成長力を生み出す。

借金はもちろん、助成金や補助金も含めて、資金繰りの手段はいろいろある。借金するにしても、銀行が「貸したい」と思う会社に見せるテクニックがある。ほかにも、キャッシュを残すためにいろんな節税でお金を減らさないようにすることも大事。

この本は、ほとんどの経営者が知らず、税理士や会計士でも知らない人が多い、会社のキャッシュを増やす「激レア 資金繰りテクニック」をまとめた。

「借金は悪だ！」は、経営においては嘘である。

正解はなにか。

「お金は借りられる時に借りられるだけ借りる」こと！
今こそキャッシュリッチな会社に生まれ変わろう！

第1章

キャッシュのない会社は即倒産！

第2章

顧問税理士が教えてくれない資金繰りテクニック50

意外とできていない経営者が多い？ 経営者必須の資金繰り10

資金繰りテクニック50

デキる社長の仲間入り！
8割の経営者ができていない資金繰り25

資金繰りテクニック50

第3章

資金繰り専門の税理士を味方につけてキャッシュリッチ企業を目指せ

第１章

キャッシュのない
会社は
即倒産！

▼企業の寿命はどれくらい？

会社の経営者なら、できるだけ事業を成長させて、長く存続させたいと思うはず。

では、会社の寿命はどれくらいだろうか。

この答えは、ニュースや経営者同士の世間話のなかで、なんとなく耳にしたことがあるかもしれない。

一説によると起業して約3年で半分の会社が存続できなくなり、10年後に生き残っている割合は約10％。創業30年を迎える会社はたった0・02％。なんと30年以内に99・98％の会社が廃業に追い込まれている。

このような話を耳にすると、「10年続いている会社ってたくさんあるじゃん。30年続いている会社もたくさんあるのにこのデータは嘘なんじゃないか？」と思われる人が多いと思う。

確かに、「企業の寿命30年説」という言葉もある。

本当の実態を示したデータがないというのが事実。ただこれだけは言える。確かに10年20年30年続いている会社はたくさんある。ただそれらの会社よりも何十倍もの会社が私たちの知らないところで廃業に追い込まれている。廃業に追い込まれているから私たちがその存在を知らなかっただけ。

存続している会社でも、資金繰りに苦しまずに経営をできている会社がどれくらいかというと、おそらく1割もないだろう。そう考えると、健康的に存続している会社はわずかで、延命治療で細々と生き延びている会社が多いと言える。

ちなみに、２０２０年版の「中小企業白書」国内企業の廃業率は３～４％くらい。

仮に古い企業から順番に毎年３～４％のペースで新陳代謝していくとすると、25年から30年ちょっとの間に企業はすべて入れ替わる計算になる。

そう考えると、いつ自分の会社に倒産の危機が訪れてもおかしくないよね。

▼赤字倒産の会社はどれくらい？

では倒産する会社のうち、赤字の会社はどれくらいだろう？

東京商工リサーチのデータを見ると、コロナ禍で揺れた２０２０年に倒産した会社は７７７３件。

このうち、倒産直前の決算が最終赤字だった会社は53・２％。

……最終赤字だった会社は53・２％だけ。

「あれ？」と思うよね。

もう一つ、同じ調査からデータを紹介する。

２０２０年に倒産した会社のうち、債務超過に陥っていた会社は56・４％だった。

債務超過は、貸借対照表（ＢＳ）において、会社が抱えている負債（借入金や買掛金など）の額が、資産（売掛金など）の額を上回っている状態のこと。

……債務超過に陥っていた会社は56・４％。

これも「あれ？」と思うはず。

倒産というと、赤字が膨らみ、借金が返せなくなって起きる、というイメージを持つ人が多い。

倒産関連のニュースも、「赤字が何億円だった」「負債が何億円もかさんでいた」といった報じ方をすることが多い。

でも、データを見る限りでは、そうとはいえない。

倒産した会社のうち、倒産直前の決算が赤字だった会社も、債務超過に陥っていた会社も、それぞれ半分くらい。残りの約半分は、黒字であり、負債よりも資産のほうが多かった。

このことから分かるのは、会社は赤字や負債が原因で倒産するわけではないということ。

実際、世の中を見渡してみると、赤字でも潰れない会社はある。大手企業で負債がない会社など皆無と言っていい。

例えば、日産自動車はコロナの影響などで約４４８７億円の赤字を出している（２０２１

年3月期)。

旅行業界、外食、百貨店などもコロナの影響が大きく、ANAは4046億円の赤字(2021年3月期)。

でも、潰れない。

一方、コロナ禍でもしっかり業績を伸ばしたのがマック(日本マクドナルド)。2020年の業績は純利益が2割増以上。しかも、過去最高の売上を出している。

貸借対照表はどうか。500億円以上の負債がある(2020年12月期)。

ユニクロのファーストリテイリングだって約1・5兆円の負債がある(2020年8月期)し、トヨタ自動車は30兆円の負債(2020年3月期)がある。

でも、潰れない。

マックもユニクロもトヨタも、負債があるからといって来年潰れると思う人はいないと思う。

赤字は危ない？

負債は怖い？

そう思い込んでいるとしたら、その誤解を捨てることが真の経営への第一歩だ！

▼現金がないから潰れる！

赤字で負債が多くても潰れない会社はある。

黒字で負債が少なくても潰れる会社は潰れる。


では、なにが明暗を分けるのか。

潰れる会社は、赤字を乗り切る現金がないから潰れる。運転資金が尽きてしまっている。

負債についても同じことがいえる。

有利子負債（利息を付けて返済しなければならない借金）の利息を払う現金が尽きた会

社は潰れてしまう。

つまり、潰れる原因は資金不足。

会社は、赤字で潰れるのではなく、負債で潰れるのでもなく、手持ちのお金がなくなった時に潰れてしまう。

そもそも、負債で潰れるのだとしたら、住宅ローンを組んでいる会社員はみんな破産することになる。年収の何倍ものお金を借り入れているわけだからね。

個人の家計は、教育費がかさんだり旅行したりして一時的に赤字になることもある。でも、破産しない。

なぜかというと、日々の給料や貯金できちんとローンを返済できているから。

収入や貯金があり、返済できていれば破産しない。

返済が滞った時に破産する。

会社も同じ。

赤字でも負債がたくさんあっても、負債の返済ができれば潰れない。

赤字になると返済が苦しくなるけど、貯蓄があれば返済できるし、新たにお金を借り入れることもできる。

▼固定費6カ月分の現金を用意しよう

会社は、手持ちのお金がなくなった時に潰れる。

これは言い換えれば、手持ちのお金があれば潰れる可能性はほとんどない、ということ。

つまり、経営で重要なのは資金繰り。稼ぐか借りるかして手元の現金を増やす。それだけで倒産リスクは抑えられる。

では、どれくらいの現金を持てば良いか？

目安は、固定費の6カ月分。

固定費は、売上の増減に関係なく発生する費用のこと。

従業員に払う給料、オフィスや倉庫や工場の家賃、水道代などが固定費に含まれる。

厳密にいうと、減価償却費も固定費に含む。

ただ、減価償却費は支出ではなく、現金を準備するという話のなかでは関連しないので、省いて良い。

一方、借入金の返済は通常は固定費に含めないが、定期的な支出であるので、ここでは固定費に含めよう。

これらは会社が営業していなくても発生する。

多少の増減はあるとしても（例えば、営業していない時は残業代がなく、人件費が減るなど）、基本的には毎月、ほぼ固定の費用が発生する。

それがいくらか計算して、6カ月分の現金を持っておく。

この現金が用意できれば、なんらかの事情で営業できなくなっても会社は存続できる。営業していないので売上は立たず、利益も出ない。毎月の支払いで貯めておいた現金も減っていく。

しかし、払うものをきちんと払っているので、差し押さえられることもなければ潰れることもない。

そういう状態さえ整えておけば、6カ月以内に営業を再開することによって、再び利益が生み出せる。利益を貯めて、また固定費6カ月分の現金を用意すれば、次の危機も乗り越えられる。

経営は「一寸先は闇」なので、なにが起きるか分からない。

なにが起きても耐えられるように、とにかく資金ショートで潰れるリスクを抑える。それが大事。

▼現金が会社の命を救う

現金を持っておく重要性を知ってもらうために、もう一つ例を挙げよう。

群馬県に、まるか食品という会社がある。

企業名だとピンとこないかもしれないが、「ペヤングソースやきそば」の会社。

まるか食品は２０１４年12月、「ペヤングソースやきそば」にゴキブリの死骸が混入していたという事件があった。

ことの発端はツイッターで、ゴキブリ入りのペヤングソースやきそばがツイッター上に投稿された10日後、まるか食品は本社工場の製品をすべて回収することになった。生産も中止して、異物混入の可能性などを調べた。ただ、混入の原因や経路は分からなかった。

この間、スーパーマーケットからもコンビニからもペヤングソースやきそばが消えた。ペヤングソースやきそばの製造と販売を再開したのは、翌年の5月。

つまり、6カ月間にわたって、まるか食品は主力商品である「ペヤングソースやきそば」の売上を失っていたということ。


工場の衛生環境はどうだったか、調査方法はどうだったか、ツイッター投稿者への対応はどうだったかなど、そういったことは脇に置いておく。

重要なのは、6カ月間もの期間を乗り越えられた理由。

答えは簡単。

6カ月間の無収入期間を耐え抜く現金を用意できていたから。

もし現金がなかったら、まるか食品は倒産し、世の中からペヤングソースやきそばが永遠に消えていたかもしれない。

「資金がない。売上を確保しなければ」

そんなふうに考えて、製造を続けながら調査したり、工場の一部だけ閉鎖して調査していたかもしれないし、生産をストップするにあたり、従業員を辞めさせて人件費を抑えることもできただろう。

でも、まるか食品は工場での生産を完全に止めて調査した。

この件に関して誰もクビにしていない。

結果、消費者の信用を回復できた。

6カ月後に販売再開した時に、ペヤングソースやきそばは以前と同じように消費者に受け入れられた。業績もそこからV字回復した。

すべては、6カ月分の現金を事前に持っていた結果なのだ！

▼危機は突然やってくる

経営者なら、分かると思う。

設立、創業からずっと順風満帆の会社はない。

逆境は不意にやってくる。

まさかのタイミングで襲ってくる。直近30年では阪神・淡路大震災があり、リーマンショックがあり、東日本大震災があった。

だいたい10年に1度くらいの頻度で大きな危機がやってくる。

東日本大震災の10年後は……コロナだよね。

飲食、百貨店、旅行、インバウンド関連にはまさかの危機が訪れた。

「企業の寿命30年説」で考えるなら、この30年で4回も大きな危機が起きている。

だから、30年も生き残れる可能性は小さいし、10年だって難しい。


そういう危機が、いつくるか分からない。

どんな危機に見舞われるかも分からない。

分かっていることはなにか。

その時にお金を持っている会社は乗り越えられるが、持っていない会社は潰れる可能性が高いということ。

余談だが、私が前著を書いたのは２０１８年８月。

コロナなんて想像もしていなかった。

ただ、顧問を務めさせてもらっている会社やセミナーなどでは、「固定費６カ月分の現金を常に確保しておきましょう」と伝えていた。

顧問先もセミナーに参加してくれた経営者も、もしかしたら「危機なんてこないだろう」「菅原は大袈裟だなあ」と思っていたかもしれないが、伝えたとおりに現金を用意してくれた。

結果、コロナ禍においても彼らの会社は安泰。

飲食店経営の会社もあるが、しっかり耐えている。

「菅原さんの言うとおりにしておいて良かった」

そう言ってくれる経営者も多い。

危機に見舞われてからでは遅い。

何事もなく、順調に経営できている時だからこそ、いつかくるはずの危機に備えて現金を準備しておくことが本当に大切。

▼借りられる時に借りられるだけ借りる

「固定費6カ月分は大金……」

「すぐに用意するのは難しい」

そう思う人もいるかもしれない。

でも、用意しないといけない。

なぜなら、そのお金が会社の未来を守ってくれるから。

理想は、利益をコツコツ貯めていくこと。

ただ、時間はかかるよね。

そこで考えたいのが融資。

自分で稼いだお金でも、銀行などの金融機関から借りたお金でも、お金はお金。

調達方法はたいして重要ではない。

重要なのは、危機を乗り越えるための現金を持っているかどうか。

注意したいのは、銀行などの金融機関から借りるためには、「貸したい」「借りてほしい」と思われる会社でなければならないこと。

銀行などの金融機関が貸したい会社とは、経営に問題がない会社。

つまり、経営に問題がなく、順調な時に借りる。借りておく。

これが大事。

経営が苦しくなってから融資を申し込んでも、融資担当者はきっと嫌がるだろう。

ペヤングの場合もそう。

お金がない状態でゴキブリ問題が発生していたら、そのタイミングで銀行に融資を申し込んだとしても断られていたかもしれない。

だから、危機に陥る前に資金を作る。

銀行などの金融機関の視点を持って「貸したい」と思う状態の時に借りておく。

それが資金繰りのコツ！

▼借金は繰り延べる

「借金は返さないといけないから」

借金アレルギーを持つ経営者はそう思うはず。


でも、本当に借金は返さないといけない？

それは、そのとおり。踏み倒すことはできない。

でも、返せばいい。返し続ければいい。ただ返し終える必要はない。

返済さえ滞らなければずっと借りていられる。

一定期間返済し、手持ちの現金が固定費の6カ月分を切ってきたら、また借りてもいいし、借り換えてもいい。

つまり、借金は返さないといけないけど、完済する必要はない。

完済なんて考えなくていい。

そもそも、経営は借金と付き合っていくもの。

貸借対照表を見れば、それが分かる。

貸借対照表は、右側が負債と純資産、左側が資産を表している。

負債の項目はどうなっているか。


流動負債は、買掛金、短期借入金、未払金などがある。

これらはすべて借金。

短期借入金は借金そのものだし、未払金は誰かに払う予定のお金のことだから、現時点では、その誰かから借りていることになる。つまり、借金。


支払手形と買掛金も同様、取引先に払うお金であり、現時点では取引先から借金している状態。

科目は違ってもすべてどこかからかの借金なのである。

買掛金をなくそう、すべて現金払いで仕入れようなんて考える経営者はいないはず。

貸借対照表の例

資産の部		負債の部	
流動資産		流動負債	
現金および預金	65,000	買掛金	95,000
売掛金	150,000	短期借入金	50,000
棚卸資産	80,000	未払金	40,000
未収入金	20,000	未払法人税	19,000
前払費用	5,000	流動負債合計	204,000
流動資産合計	320,000	固定負債	
固定資産		長期借入金	170,000
有形固定資産		固定負債合計	170,000
建物	60,000	負債合計	374,000
建物付属設備	2,000	純資産の部	
機械装置	30,000	株主資本	
車両運搬具	3,000	資本金	50,000
土地	80,000	利益剰余金	
固定資産（無形）		任意積立金	10,000
ソフトウェア	2,000	繰越利益剰余金	67,000
投資・その他資産		利益剰余金合計	77,000
出資金	1,000	自己株式	△1,000
保険積立金	2,000	株主資本合計	126,000
固定資産合計	180,000	純資産合計	126,000
資産合計	500,000	負債・純資産合計	500,000

買掛金はＯＫで融資はダメというのは、理屈として成立しない。

重要なのは、借金を減らすことではなく、完済することでもない。

借金という手段をうまく使って、現金を調達すること、減らさないこと。

返すことより、借りることに目を向けること。

▼「無借金経営がいい」という幻想

借金については「無借金経営が安全」と誤解している人もいる。

確かに借金がないほうが精神的には楽かもしれない。

しかし、資金繰りの視点で見ると、いいことは一つもない。

むしろ「無借金がいい」と思い込んでいるとしたら、それは危ない。

無借金にこだわり、借金を避けることによって、手持ちの現金が足りなくなり、倒産するリスクが大きくなるから。

言い方を変えると、資金繰り経営（キャッシュフロー経営）と無借金経営は根本的な考え方が逆ということ。

無借金を目指すのは資金繰り経営においては悪手。

「できるだけ借りないように」ではなく「できるだけ借りる」という考え方に変えることが重要。

あえて理想を掲げるなら、借金より現金を多く持っている状態の「実質無借金経営」を目指すこと！

▼資産は持つな、負債を持て

「負債や借金はないほうがいい」や「無借金経営が安全」といった誤解ととても似ているのが「資産はあったほうがいい」という考え方。

これも誤解。

もう一度、貸借対照表を見ると、右側は負債と純資産。

ここで調達したお金を、どうやって運用しているかを示しているのが左側の資産の部。

「資産はあったほうがいい」という考えは、この資産の部を充実させようという話。

資産の部には、現金、売掛金、棚卸資産などの流動資産と、建物、土地、ソフトウェアなど有形無形の固定資産などが並ぶ。

結論からいうと、資金繰りの視点から見て、これらのなかで重要なのは現金だけ。

現金以外はいらない。持たなくていい。

つまり、「資産はあったほうがいい」の資産が現金以外の資産（土地とか売掛金とか棚卸資産とか）を指しているのであれば、その考え方は大間違いということ。

なぜ持たなくていいのか。

現金以外の資産を持つことにより、現金が減るから。

例えば、建物が1億円だとしたら、その建物がなければ1億円の現金があったはず。

現状として手持ちの現金が少ないのは、本来であれば手元にあったはずの1億円を建物という資産にしたから。

受取手形や売掛金を早期に回収できていれば、現金はもっと多かったはず。

棚卸資産という在庫がなければ、手元の現金はさらに多かったはず。

つまり、資産は現金が形を変えて存在しているもので、現金を減らしている。

資産を持つほど現金が減る。

だから、「資産はあったほうがいい」は資金繰りを悪化させる考え方で、資産（現金以外）は持たないほうがいい。

ではなぜ資産ではなく負債を持ったほうがいいのか？

負債は現金を増やす項目だから。先ほど、負債はどこからかの借入だと言ったが、借入というのは現金を増やす手段。負債が多ければ多いほど現金は増えるのであって、負債を減らそうと思えば現金は減るのである。

つまり、資金繰りという観点からは、資産を減らし、負債を増やしたほうが現金は増えるのである。

▼現金はチャンスを広げる

負債を増やしたり資産（現金以外）を減らしたりして手持ちの現金を増やすことは、会社を守ることだけでなく、成長することにもつながる。

例えば、こんなケースを考えてみよう。

ライバル関係のA社とB社がある。

A社は負債がなく、手持ちの現金は5000万円。

B社は負債1億円、手持ちの現金は1億円だとする。

さて、両社にM&Aの話が舞い込んできた。

その会社を買えば業績アップにつながる。

事業拡大のチャンスになる優良案件で、買収価格は8000万円。早い者勝ち。

もちろん両社とも動く。

ただ、A社は手持ちの現金が足りない。
さっそく銀行に相談するが、過去に融資実績がないため審査に時間がかかる。
そうこうしているうちにB社が手持ちの現金を用意し、名乗りを上げる。
この時点で勝負あり。
B社は買収によって事業を伸ばす。B社が成長し、A社は差をつけられる。
どこで差が生まれたかというと、現金を持っているかどうかである。

▼財務指標はアテにならない

資金繰り経営は難しくない。
手元の現金がいくらあるか、そこだけに注目していれば良いからである。
財務指標が経営で重要とよく言われるが、実はあまりアテにならない。
なぜならいくら深く分析しても倒産リスクは分からないから。

例えば、一般論として、貸借対照表では次の３点が重要といわれている。

１つは、債務の償還年数。

これは、有利子負債を何年で完済できるかを示すもの。

銀行などの金融機関の評価としては、10年以内であれば優良企業。

【債務償還年数の計算式】

債務償還年数 ＝ 借入金の残高 ÷（税引後利益＋減価償却費）

２つ目は、自己資本比率。

これは、貸借対照表の右側である負債と純資産の合計額に対して、純資産がどれくらいの割合かを示すもの。

銀行などの金融機関の評価では、40％あれば優良企業。倒産リスクが少なく、お金を「貸したい会社」になる。

【自己資本比率の計算式】

自己資本比率 ＝ 純資産 ÷（負債＋純資産）×１００

3つ目は、流動比率。

これは、会社の短期的な支払能力を示すもの。

支払能力が高いほど資金繰りに困る可能性が小さくなるため、銀行などの金融機関の評価では、この比率が200％以上あれば支払能力があるとみなされる。

【流動比率の計算式】

流動比率 ＝ 流動資産 ÷ 流動負債 × 100

この3点を見ると、財務状態が優良かどうか（金融機関目線の評価において優良かどうか）が分かる。

しかし、倒産リスクは分からない。

仮にこれらの財務指標が優良企業でも現金がなければ倒産するから。

例えば、買掛金が3億円あり、売掛金が1億円、現金が1億円だったらどうなるか。

来月、3億円払わなければならないが、売掛金や現金を足しても1億円足りない。資金が足りずに倒産する可能性が高い。

つまり財務指標は逆に誤った判断を招くリスクがある。

突き詰めていえば、倒産リスクを見るなら、指標などどうでもいい。

貸借対照表の左上の現金の科目を見て、いくら持っているか確認する。

足りなければ借りる。

将来的な資金ショートのリスクに備えて、資産を現金化するといった戦略も立てられるだろう。

▼借入できるかどうかが重要

財務指標が無意味とは言わない。

しかし、指標の分析から分かることは限られる。

経営で最も肝心な倒産リスクが分からない。

財務指標を見て「この会社は安全」とか「指標がイマイチ」などと言って指標で経営分析をしている人は、資金繰りが分かってない。

資金繰りの素人であり、資金繰り経営の素人と言ってもいいだろう。

実は税理士でも、このタイプはいる。

「債務の償還年数を短くするために、負債を少なくしましょう」

「負債を減らして自己資本率を高めましょう」

そんなアドバイスをする税理士もいる。

そのアドバイスを素直に聞き入れてしまうと、手持ちの現金が減って、倒産する。

では、指標をどう活用するか。

財務指標は会社の成績表のようなもので、指標が良ければ銀行などの金融機関の評価が高くなる。

融資を受けやすくなり、現金が用意できる。

そのための材料として使う。
今の指標が良いなら、その指標を銀行などの金融機関に見せて現金を調達する。
それが正しい指標の使い方であり、正しい資金繰り経営の考え方。

指標が良いから倒産しないのではない。
指標が良い会社は借金できる。現金が増やせる。
だから倒産しない。

借りられる時に借りられるだけ借りる。
これが資金繰り経営の究極のアドバイスだ！

第2章

顧問税理士が
教えてくれない
資金繰り
テクニック
50

レア度

★☆☆

01 経費に領収書は不要

02 固定資産は断捨離せよ

03 特別償却で課税はとことん繰り延べろ

04 融資担当者の評価基準を知れ

05 決算書の見栄えは良くできる

06 短期前払費用の一括損金算入は要注意

07 「小規模企業共済」は借金してでも積み立てろ

08 「経営セーフティ共済」でリターンを狙え

09 経済産業省のホームページは得する情報の宝庫

10 ふるさと納税は上限まで寄附

意外とできていない
経営者が多い？
経営者必須の
資金繰り10

01 経費に領収書は不要

まずは基本から。

「領収書をなくした」

「もらい忘れた」

「あ～あ、全額自腹か……」


そんなに落ち込まないでほしい。

なぜなら、領収書がなくても経費にできる。

そもそも世の中には領収書が出ないものがある。

例えば、出先などでスタッフにジュースを買う。自動販売機で買ったジュースは領収書がない。

ご祝儀、香典、お祝い金などを渡して「領収書をください」と言う人もいないだろう。

そのような支出も経費になる。

いつ、どこで、なにに、いくら払ったかメモしておけば良い。

もちろん基本は領収書。

しかし、領収書をなくしたりもらい忘れたりしても、払ったことが分かればいい。

ご祝儀などは、渡した相手、日付、金額を、案内状や手帳などにメモしておく。

自動販売機のジュース代もメモしておけばいい。

同業者などとの会食で、自分だけ領収書をもらうのはカッコ悪いと感じることもあるだろう（僕だけ、かな？）。

そういう時も、領収書はもらわず、払った金額をメモしておく。

領収書がないからといって諦めてはいけないのだ！

ちなみに、お店でレシートがもらえるのに、わざわざレシートではなく領収書をもらおうとする人がいるけど、逆に税務署から「内容を隠そうとしている」と怪しまれる。

つまり、レシートがもらえるお店では領収書はもらわないほうがいい。

02
固定資産は断捨離せよ

資金繰りで最も大事なものは現金。
では、その現金が減る原因になっているものはなにか。
負債？　借金？　利息の支払い？
そうではない。
負債は現金を増やすもの。借金をすれば現金が増える。
現金を減らしているのは、現金以外の資産。
貸借対照表の左側に載っている現金以外の項目のこと。

この点を勘違いしている社長は多い。
「負債はダメ」「借金はダメ」そう考えているタイプ。

まず、その考え方を変えよう。

資産が増えるから現金が減り、資産を減らせば現金は増える。

そこで手をつけたいのが不要な資産の現金化。

帳簿に載っている資産のうち、使っていない設備などはないか。

処分するつもりで、いつまでも残っているものはないか。

新しい設備を購入したにもかかわらず、古い設備が放置されたままではないか。

そこを洗い出して、処分する。現金化する。

古いパソコンやテレビなどは現金にならないこともある。

でも、それらも処分する。処分することによって損失（固定資産除却損）となり、残存簿価の分だけ損失に算入できる。そうすると利益が減り、法人税が減り、償却資産税も削減できる。その分現金が手元に残る。

利益が多かった期末は不要な固定資産が残っていないかどうか確認。

期末までに処分して節税につなげたい。

03 特別償却で課税はとことん繰り延べろ

まずは特別償却について。

特別償却とは、税務会計で認められている減価償却処理の特例のこと（この特例はたくさんあるので、詳しくは顧問税理士に確認してほしい）。

設備や機械などの固定資産を取得した場合、通常は税務会計で決められている法定耐用年数に基づいて減価償却していく。

しかし、特別償却すると、通常の減価償却費に加えて、一定の金額（取得価額に一定割合を乗じて計算した金額）を損金に算入できる。

特別償却限度額 ＝ 取得価額 × 特別償却率

つまり、設備投資などにかかった経費の一部を、前倒しで損金算入できるということ。

結果、特別償却した年の税負担を抑えることができる。

長い目で見れば、損金に計上できる金額は同じ。

例えば、1000万円の設備を購入し、普通に減価償却した場合の最終的な損金は1000万円になる。

一方で、特別償却するとこの金額をより早く、より多く損金にできるが、特別償却した翌年以降の減価償却費は少なくなり最終的な損金は1000万円になる。


「じゃあ、同じだよね」

「特にメリットもデメリットもないよね」


そういう人がいるが、それは間違い。

資金繰りという点から見ると、「より早く、より多く」という点が重要。

設備投資は、設備を買うことによる支出が先に発生し、その金額を損金算入することによる税負担の軽減が遅れて発生する。

設備の大小にもよるけれど、大きな機械なら1億円くらいの支出が発生し、それを10年くらいかけて減価償却していく。つまり、1億円の支出を完全に損金にするまでに10年く

普通に償却した場合と特別償却した場合の比較

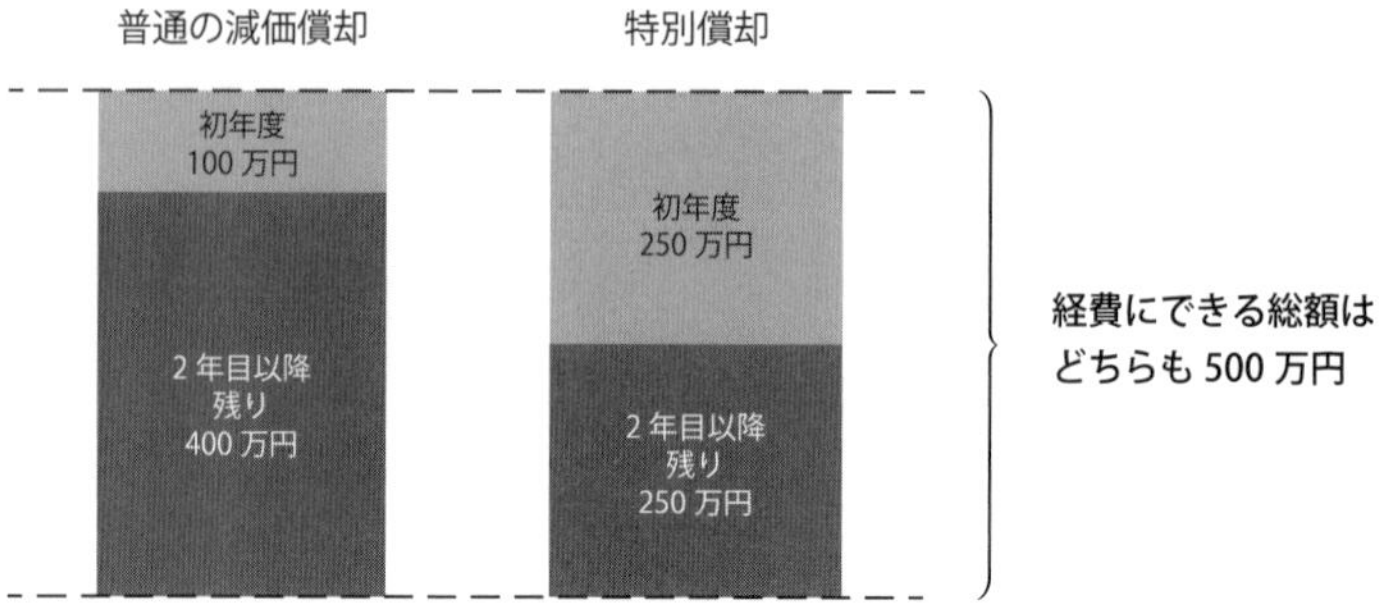

らいかかる。

このズレがあるため、会社は一時的に資金が減ってしまう。

資金繰りで重要なのはこのリスクを抑えること。

特別償却は早期に減価償却費を計上できる制度であるため、支出と損金算入の間にあるズレが小さくなり、目先の税負担が小さくなり、資金繰りが良くなるわけ。

「でも、結局税金を納めるわけでしょう?」
「単なる課税の繰り延べでしょう?」

そういう人もいるだろう。

そのとおり。繰り延べ。なぜなら、資金繰り経営は繰り延べ経営だから。

課税の繰り延べは、納税の時期を遅くすること。

それによって手元の現金が減るスピードも遅くなる。

だから、繰り延べられるならどんどん繰り延べ、できる限り手元にお金を残す。

そうすることで手元に現金が多く残り、資金不足に陥るリスクを小さくすることができる！

04 融資担当者の評価基準を知れ

特別償却は減価償却の一種。そのため、設備などを購入した時に発生する特別償却費を、減価償却費と同様に販売費および一般管理費として計上している会社が多い。税制上はこの方法で問題はない。

ただ、融資を受けたい会社は銀行など金融機関の評価を考える必要がある。

つまり、どうすれば決算書の見栄えが良くなるかを考える。

その点から考えると、特別償却は販売費および一般管理費ではなく特別損失にしたほうがいい。特別償却は、臨時的な費用であり、損失と言い換えることができるので、特別損失にしても問題はない。ただ、これがなぜ評価に影響するのか。

分かりやすく言えば、特別償却する金額が損益計算書（ＰＬ）のどこに入るか、という話。損益計算書の利益は、上から順番に、売上総利益、営業利益、経常利益、税引き前当期純利益、当期純利益の順番に並んでいる。販売費および一般管理費は、売上総利益から引く項目なので、特別償却をここに入れると営業利益が減る。

特別償却は特別損失に計上する

	科　目	金　額
①	売上高	1,000
②	売上原価	600
③	売上総利益（①－②）	400
④	販売費および一般管理費	300
⑤	営業利益（③－④）	100
⑥	営業外収益	10
⑦	営業外費用	20
⑧	経常利益（⑤＋⑥－⑦）	90
⑨	特別利益	0
⑩	特別損失	10
⑪	税引き前当期純利益（⑧＋⑨－⑩）	80
⑫	法人税等	40
⑬	当期純利益（⑪－⑫）	40

特別償却を「販売費および一般管理費」にすると、売上総利益の下（営業利益や経常利益の上）に入るため、営業利益と経常利益の金額が減り、決算書の見栄えが悪くなる

特別償却を特別損失にすると「経常利益」の下に入るので、営業利益と経常利益の金額が減らない

一方の特別損失は経常利益から引くので、営業利益と経常利益は減らない。

銀行などの金融機関では、融資担当者が営業利益と経常利益を見ることがほとんど。

営業利益と経常利益の金額がなるべく多く見えるようにするために、損失はできるだけ損益計算書の下のほうに持ってくるのが良い。

もちろん、どの位置で損失を引こうと最終的な利益（当期純利益）は同じ。

利益が同じということは納税額も同じなので、節税効果などはない。

しかし、たったこれだけのことで評価が変わり、融資を受けられる可能性が変わる！

05 決算書の見栄えは良くできる

特別償却は、固定資産の償却方法の一つ。

設備や機械などの固定資産の取得費用を、通常の減価償却費とは別に損金に算入する。

結果、その期の利益にかかる税負担を抑えることができる。


ただ、それほど利益がなければ特別償却する必要性が低くなる。

利益が少なくなるため、融資を受けたい場合には銀行などの金融機関の評価が低くなる。

特別償却が大きく利益が少なければ、場合によっては最終利益が赤字になることもある。

これは避けたい。


そこで、利益を減らさずに特別償却をする方法がある。それが特別償却準備金方式。

特別償却準備金方式は、損益計算書では処理せずに、貸借対照表と法人税の申告書で処理する方法。

特別償却として普通に処理をすると、その金額は損益計算書では特別損失として計上できる。例えば、ある設備について１００万円の特別償却を行う場合、損益計算書上に１００万円の特別損失が載る。

一方、特別償却準備金とした場合は特別損失には載らない。特別償却分が反映されるのは貸借対照表。

最終的には法人税の申告書で損金の扱いになるので、損益計算書で損金に算入する場合と納税額は変わらない。

しかし、準備金として処理することによって利益額は多くなる。多いように見える。その結果、決算書の見栄えが良くなり、銀行などの金融機関の評価も良くなり（少なくとも悪くはならない）、融資を受ける際にも有利になるというわけだ！

このように会計処理の方法次第で、決算書の見栄えを良くして、銀行評価を良くする方法はたくさんある。それらを徹底的に活用することをオススメする。

06 短期前払費用の一括損金算入は要注意

経費を支払ったら、早く損金に算入する。

これは資金繰り経営の基本。

損金算入が早ければ早いほど、節税効果が早く得られる。

前払いしているものがあれば、それらも損金に算入できるかどうか検討しよう。

通常、前払いした経費（前払費用）は、サービスの提供を受けた時に損金に算入する。

ただし、一定の条件（支払った日から1年以内に提供されるサービスであること、継続的に提供されるサービスであることなど）を満たしている前払費用は、短期前払費用として支払った時点で損金に算入できる。

対象となるのは、家賃、保険料、共済の掛金、会費など。

これらを年払いすると、短期前払費用として今期の損金に算入できる。

今期の利益が多い場合などは、決算月の年払いで損金算入の金額を増やすことにより節税につなげることができる。

決算月に生命保険に加入するケースなどがこれに当たる。

ただし、注意点が一つ。

支払金額が大きいものほど節税効果は大きくなる。

しかし、大きい損金を作るということは手元の現金を大きく減らすことでもあるため、少し先の資金繰りは楽になるかもしれないが、目先の資金状況は悪化する。

つまり、年払いを検討する時は、支払後の現金残高をあらかじめ確認しておく必要があるということ。

決算月の2カ月後には法人税の納付があり、会社によっては賞与の支給日が近く、そこで大きく現金が減ることも考えられる。

また、融資を受けたい場合は決算時に現金を多く持っているほうが有利。

適切な現金を確保することを第一に考えて、度が過ぎた節税には注意しよう。

07 「小規模企業共済」は借金してでも積み立てろ

小規模企業共済。これは払ったほうがいい。しかも、満額掛けたほうがいい。

小規模企業共済とは、中小機構が運営する退職金の積立制度。

利用できるのは、経営者、役員、個人事業主などで、掛金を決めて積み立て、退職金を作ることができる。この制度が良いのは、掛金が全額所得控除になることだ。つまり、退職金を積み立てつつ、そのお金で節税できるというわけ。

節税額も大きい。仮に所得400万円の人が月々3万円ずつ積み立てていくと、年間の掛金は36万円になり、所得控除額が36万円になり、所得税と住民税が11万円ほど節税できる。

積み立てるだけで11万円のプラス。

銀行に預金しても1円にもならない時代に、11万円のプラスである。

そう考えると、小規模企業共済は、36万円の資金に11万円の利息がつくのと同じ。

利率にすると30%。もはや預金している場合ではない。

小規模企業共済による節税一覧表

課税される所得金額	加入前の税額（所得税＋住民税）	加入後の節税額		
		掛金月額１万円	掛金月額３万円	掛金月額７万円
200万円	309,600円	20,700円	56,900円	129,400円
400万円	785,300円	36,500円	109,500円	241,300円
600万円	1,393,700円	36,500円	109,500円	255,600円

しかも、これは3万円ずつ積み立てた場合で、掛金は1000円から500円単位で7万円まで自由に決められる。

当然、掛金が多いほど所得控除の額も大きくなるので、できる限り掛けたほうがいい。

所得400万円の人が月々7万円ずつ積み立てるとどうなるか。

節税効果は24万円に増える。そう考えると、「とりあえず1万円から」「まず3万円で」などと考える人もいるかもしれないが、借金してでも満額掛けるのが正解。借金にかかる利息はせいぜい1％程度。

しかし、節税金額の利回りはその何十倍にもなり、最大55％の利回りとなる。

超低金利からマイナス金利の時代に移っているからこそ、こういう制度は積極的に活用したい。

08 「経営セーフティ共済」でリターンを狙え

資金繰りと節税を兼ねた施策として、生命保険に加入する人は多い。保険料を損金にして（保険料の50％までを損金に算入するなど）経費を作るというやり方である。

それも節税手法の一つだが、あまりオススメしない。

なぜなら、生命保険は満期前に解約すると返戻金が減るのが一般的。解約時の解約返戻率が8割だった場合、掛金の8割しか戻らない。

そこで検討したいのが、経営セーフティ共済。

中小企業倒産防止共済制度とも呼ばれるもので、小規模企業共済と同様に、中小機構が運営している制度。

取引先の事業者が倒産した際に、連鎖倒産や経営難に陥るのを防ぐためのもの。

特徴は2つ。1つは、担保なし、保証人なしで、回収困難になった売掛金や債権の額か、掛金の10倍（上限8000万円）まで借り入れることができること。

もう1つは、掛金を月5000円から20万円の間で設定でき、掛金を損金（個人事業主の場合は必要経費）にできるため、節税効果も見込めること。

生命保険と比較すると、中小企業倒産防止共済は、40カ月以上掛金を納めていれば、自己都合の解約であっても掛金が全額戻ってくる。掛金を減らすことなく、コストをかけることなく、節税効果を得ることができるというわけ。

さらに、生命保険は解約返戻率のピークの時期に解約しないと、目減り額が大きくなるが、中小企業倒産防止共済は契約開始時から40カ月以降であれば、いつ解約しても掛金が100％戻ってくる。

その点で、生命保険よりも使い勝手がいい。

さらに、掛金は前納をすると若干だが割引が受けられる。

そのため40カ月以降に解約すると、掛金が実質100％を超えて返ってくるのだ！

09 経済産業省のホームページは得する情報の宝庫

今やあらゆる情報が無料で手に入る時代。

ネットを探せばいくらでも情報が見つかる。

でも、情報が勝手に舞い込んでくることはない。

自分で探す。もしくは探してもらう。

補助金、助成金、融資に関する情報も、自ら探し、見つけにいく姿勢が大事！


そこでチェックしたいのが経済産業省のホームページ。

「経済産業省　事業主の皆様」で検索すると、資金繰りに関連した情報がたくさん見つかる。最近はコロナ関連の支援も多い。

ただ、サイトに掲載される情報は頻繁に更新される。

1週間に1つ、2つくらいのペース、コロナ関連の補助金などが多い時期は、それ以上のペースで、新たな情報が出て、消えていく。

つまり、それくらいのスピード感をもって探さないと、情報を取りこぼす。


理想は、そのような情報を見て「社長、こんな補助金があります」「この融資、使いましょう」と提案してくる人を見つけること。税理士でもいいしコンサルタントでもいい。

ただ、現実にはなかなか見つからない。

資金繰りを支援してくれる専門家を探しつつ、経営者自身も情報を探しにいく姿勢を持つことが大事。

補助金、助成金、融資の3つをキーワードに探していけば、「うちも申し込めるかも」「資金繰りにつながるかも」と思う情報がきっと見つかる。

特に最近はコロナ関連の補助金などが増え、そのような情報を提供してくれる人と、提供してくれない人（できない人）が明確になった。

補助金などが増えたということは、会社を成長させるチャンスも増えたということ。

この機会を逃してはいけない。

重要なのは情報を探すこと。または、情報を提案してくれる人を見つけることだ！

10 ふるさと納税は上限まで寄附

ふるさと納税。

名前は知っているけど、どんな仕組みかよく分からない。

やったほうがいいのか、なにが得なのかいまいち分からない。

サポート先の社長やセミナーに来てくれた人から、そんな声をよく聞く。

結論は、やったほうがいい。

できるなら上限まで寄附したほうがいい。


ふるさと納税は寄附金控除の一つ。

ただし、一般的な寄附が、所得控除のみに適用されるのに対して、ふるさと納税は住民税からも控除できる特別控除がある。

その際に一律2000円の自己負担が発生する。

言い方を変えれば、2000円でさまざまな返礼品を受け取ることができる。

簡単に言えば、10万円の寄附によって税金が9万8000円安くなるということ。20万円なら19万8000円、50万円なら49万8000円で、いくら寄附しても自己負担は2000円のため、上限まで寄附したほうがいい。

上限は年収や家族構成によって変わり、年収が多い人ほど上限も高くなる。例えば、年収500万円くらいで家族がいる人の上限は5万円くらい、年収1000万円くらいなら20万円くらいまで寄附できる。

会社の資金繰りからは少し離れるが、ふるさと納税は個人の家計の資金繰りに役立つ。富裕層の人は返礼品だけで、食費や生活用品を賄っている人も多い。自治体によって返礼品が違い、食品、洋服、家具、家電、旅行券など、多様なものが選べるので、興味がある人はまず、どんなものがもらえるか調べてみよう（ちなみに私は、家具をもらうことが多いです）。

レア度

★★☆

デキる社長の仲間入り！
８割の経営者ができていない資金繰り25

11　交際費は３つの活用法で賢く損金にせよ

12　売掛取引の貸し倒れは絶対阻止する

13　社長の自宅を会社に貸せ

14　役員報酬は高めに設定しておけ

15　退職者のボーナスは退職金で支給しろ

16　退職者の有給は消化させずに買い取れ

17　社会保険料の徴収を１カ月前倒せ

18　非課税の旅費規程を上手に使え

19「プロパー融資」で実績を作れ

11 交際費は3つの活用法で賢く損金にせよ

まずは交際費について基本を押さえておこう。

取引先との接待で、仕事の発注者となる担当者を口説き落とすために、会食の場を設けたり、プレゼントを用意したりすることがあるはず。

このような飲食接待活動にかかる費用で、1人あたり（同席した人1人あたり）の金額が5000円を超えるものが会計上の交際費になる。交際費は原則として損金にできない。

しかし、会社が資本金1億円以下の法人であれば、年間800万円までは損金に算入できることになっている。中小企業の多くはこの条件に該当するはず。つまり、800万円までは利益から引くことができ、引いた分だけ税金は安くなる。

ポイントは、年間800万円という上限があること。これを超えた分は経費にできない。

仮に交際費が1000万円かかったとすると、経費にできるのは800万円が上限であるため、残りの200万円は損金にならない。これはもったいない。

この問題を解決する方法は3つある。

【役員報酬を増やす】

まずは社長や役員の交際費を交際費とせず、ポケットマネーから払うようにする方法。

当然ながら「自腹でよろしく」と言っても納得しないだろうから、自腹で払っても実質的な手取り額が減らないように、役員報酬の金額を増やす。

そして、交際費８００万円の上限を超える部分を自腹にする。

役員報酬は損金になるため、８００万円の上限を超えてしまう分についても、きちんと役員報酬として損金にできるというわけ。本人の所得税は増えるけど、損金にできないよりはいいよね。

【分社化】

２つ目の方法は、分社化。子会社を作り、交際費の上限を増やす方法。

仮に年間の交際費が１０００万円だった場合、１社で損金に算入できる金額は８００万円までだけど、もう１つ会社が増えれば新たに８００万円の上限ができる。合計で１６００万円の上限となり、残りの２００万円も損金にできる。

分社化して交際費を分散

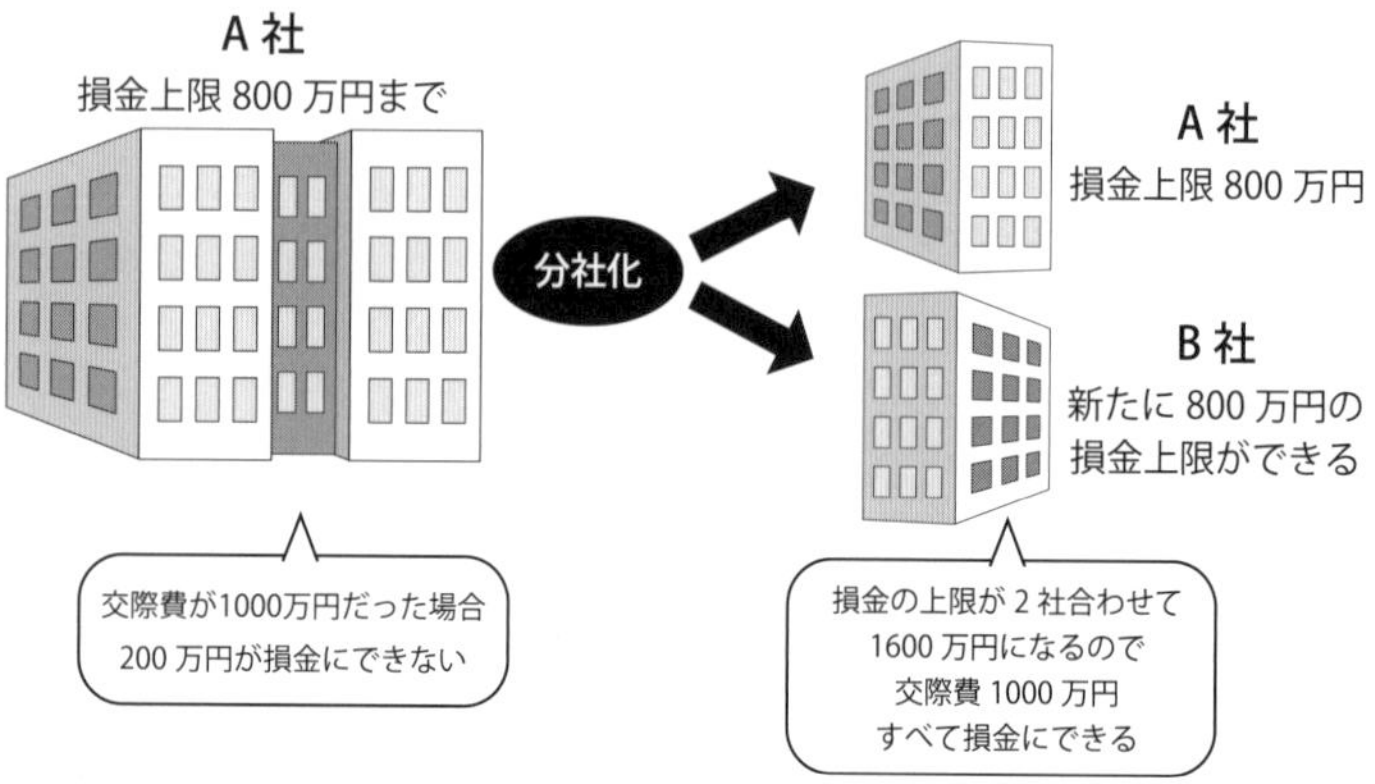

【個人事業を立ち上げる】

分社化は交際費の上限を高くする効果が見込めるけど、デメリットもある。

例えば、税務手続きが増える。決算も2社分に増える。そこで考えたいのが、社長個人が個人事業主になる方法。

個人事業主は確定申告をする必要があるため、役員報酬を増やして交際費に対応する方法よりもハードルは高い。ただ、会社を作って決算手続きをするよりも楽。

また、分社化すると800万円の枠がもう1つできるけど、800万円という上限が消えるわけじゃない。そのため、会社を1つから2つにしても、交際費が2000万円かかった場合は400万円が損金不算入になる（2000万円－８００万円×2社)。

一方、個人事業主の交際費には上限がない。

そのため、社長は上限を気にすることなく、４番のエースとして思う存分営業や接待に飛び回ることができる。

中小企業は、社長の人脈や能力で仕事をたくさんとっていることが多く交際費も社長が中心になって使っている。

こういう場合は、社長が個人事業を作る。

会社で引き受ける仕事と個人事業で引き受ける仕事をきっちり分けて、会社で使う交際費が８００万円の上限を超えないように注意しつつ、交際費を会社と個人事業に振り分けていく。

仕事の分け方としては、例えば、小売店なら実店舗を会社、ネットショップを個人事業などと分け、飲食店なら、１つ目の店は会社、２つ目の店は個人事業に分けることが可能。

ただし、どんな分け方でも良いのだが、個人事業のほうでもそれなりに利益が出ることが前提条件。利益がなければ経費を作る必要性なんてないからね。

12 売掛取引の貸し倒れは絶対阻止する

売掛金は貸借対照表の資産の一つ。

資産というとプラスの財産という印象を持つかもしれないが、実際には少し違う。

売掛金が回収できれば、現金になる。

これは大事。資金繰り経営ではいかに現金を持つかが重要だから。

ただ、見方を変えると、売掛金は資産の現金化を妨害している要因でもある。

貸借対照表の資産の部（表の左側）の中で、売掛金が増えれば現金が減り、売掛金が減れば現金は増える。

売掛金をゼロにするのは難しいかもしれないが、ゼロに近いほど現金は増え、資金繰りは楽になる。

資金繰り経営では現金が重要で、極端に言えば、現金ではない資産をどれだけたくさん持っていても資金繰り経営のプラスにはならないのだ。

プラスどころか、マイナスになることもある。

それは、取引先の倒産などによって売掛金が回収できなくなるケース。

回収不能な売掛金は、資産に含めていても意味がない。

貸倒損失として処理し、その期の損金にする。そうすればその分の利益が減り節税につながる。どうせ回収できないのであれば、損金にしたほうがいいよね。

貸倒損失の処理を税務署に否認されないように、税務上の要件を確認し、請求書、納品書、回収に努めた証拠（内容証明郵便や催告書のコピーなど）をそろえる。


ただ、回収できるに越したことはない。そのためのポイントは、取引先にとって支払いの優先順位が高い相手になること。取引先はすべての支払いをストップしているわけではない。口うるさい相手に対しては優先順位を高くして支払っている。逆になにも言ってこない相手に対しては、支払いを遅らせている。つまり口うるさい相手になることが重要なのである。期日を1日でも過ぎたらすぐに催促の電話を入れるなど。

売掛金は取引先に貸すお金。貸す以上は回収不能になるリスクは常に伴う。

そのことを念頭に置けば、売掛金を回収するまでの期間を短くしたり、売掛の取引を減らしたりして、前受金の取引に変えていくといった取り組みも必要だ！

13 社長の自宅を会社に貸せ

社長の自宅は社宅にすることで資産を有効活用できる。

「でも、売却はしたくないなあ……」

そんな場合は、会社に貸す方法を考えてみる。


社長の家を会社に貸し、会社から賃料を受け取る。

使い方としては、空き部屋や、仕事部屋として使っている部屋を事務所にする。

その部屋の面積を自宅の面積で按分《あんぶん》（事務所として使用している面積の比率を計算すること）して、家賃を受け取る。

ポイントは、社長個人で自宅の一部を貸し、その対価を賃料として受け取ること。

会社からの報酬ではなく、賃料として受け取る。

なぜなら、報酬には社会保険料がかかり、金額に応じて負担額も大きくなるが、個人名義の賃料収入には社会保険料がかからないため。

会社は賃料を払い、その分を損金に算入でき、社長は個人として社会保険料がかからない収入を増やすことができる。

さらに、その部屋で使う備品などももちろん経費で落とせる。

もちろん、形だけではなく事務所として使用するという実態は必要。

社長は仕事部屋を持っていることが多く、少なからず自宅でも仕事をしていることが多いので、ぜひ検討してみてはいかがだろうか。

14 役員報酬は高めに設定しておけ

役員報酬と給料との違いは、役員報酬は損金に算入するための条件が厳しいこと。

例えば、金額は事業年度の開始日から3カ月以内に決めて、その内容を議事録にする。

この金額は、定期同額。

つまり、年度を通じて役員報酬は基本的には定額であるということ。

なぜ定額なのか。

自由に増やせるようにしてしまうと、社長や役員を務めている親族などの報酬を増やし、損金を増やす（利益を減らす）ことができる。それを防ぐ役目があるわけ。

ここで重要なのは、「報酬を増やし、利益調整する」のが問題だということ。

厳密には、報酬額を上げてもいいが、増額分は損金に算入できない。

例えば、事業年度が始まってから半年後に報酬を50万円増額した場合、残り半年で支給する増額分（50万円×半年分）は損金にできない。

例外は、報酬を受け取る役員の地位が変わった時。

事業年度の途中で専務が社長になったり、非常勤役員が常勤役員になったり、会社の合併などによって職位が上がった場合などは、役員報酬を改定する「臨時改定事由」に当たるとされ、増額分も損金に算入できる。

では、下げるのはどうか。

報酬を増やして利益調整することが問題なら、減額は問題にならなさそうだ。

しかし、これも基本的にはできない。

先ほどの例の逆で、事業年度の途中で常勤役員が非常勤役員になった時などは臨時改定事由になるが、そのような理由がない場合は、減額前と減額後の差額が損金不算入になる。

事業年度が始まってから半年後に報酬を50万円減額した場合、すでに支給した半年分の差額（50万円×半年分）が損金不算入になるということ。

しかし、役員報酬の減額は、臨時改定事由のほかに、もう一つ減額可能になるケースがある。

それは、業績が著しく悪化した時。これを業績悪化改定という。コロナ禍で業績が悪化した場合、この改定に当てはまるケースが多いのではないか。

要するに、事業年度の途中で報酬額を上げることはできないが、下げることはできるということ。

損金の視点から見ると、「業績が良いから報酬を増やそう」はできない。

「業績が悪いから報酬を減らそう」はできる。

ならば、役員報酬は高めに設定しておくのが良い。

業績を見ながら、特に問題がなければ期末まで変えない。

このままだと赤字になる、資金繰りが厳しくなるといった場合は、業績悪化改定を考える。

減額すると、減額した分だけ損金に算入できる金額が減る。

損金が減ると利益が増え、税額も増える。

しかし、それよりも重要なのは業績悪化を乗り越えるための資金を確保すること。

役員報酬の減額により支出が減り、それに伴い社会保険料も所得税も減るのである。

あらかじめ役員報酬額を高めに設定することにより、「減額によって資金を作れる」という選択肢を持っておくことが大事だ！

損金不算入のパターン例

増額改定

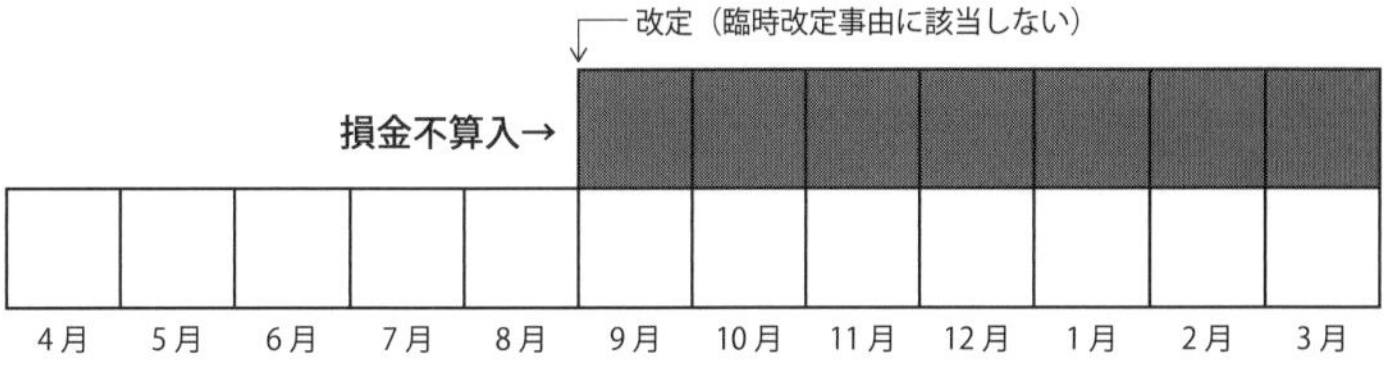

【解説】

上記のようなケースの場合、支給額のすべてが損金不算入になるのではなく、改定後の増額部分のみが損金不算入になる。定期同額給与に該当しない改定事由による改定があった場合でも、ベースとなっている「根っこ」の部分を超える金額が「上乗せ支給」されているものと考えて、その超える部分の金額が損金不算入となる。

減額改定

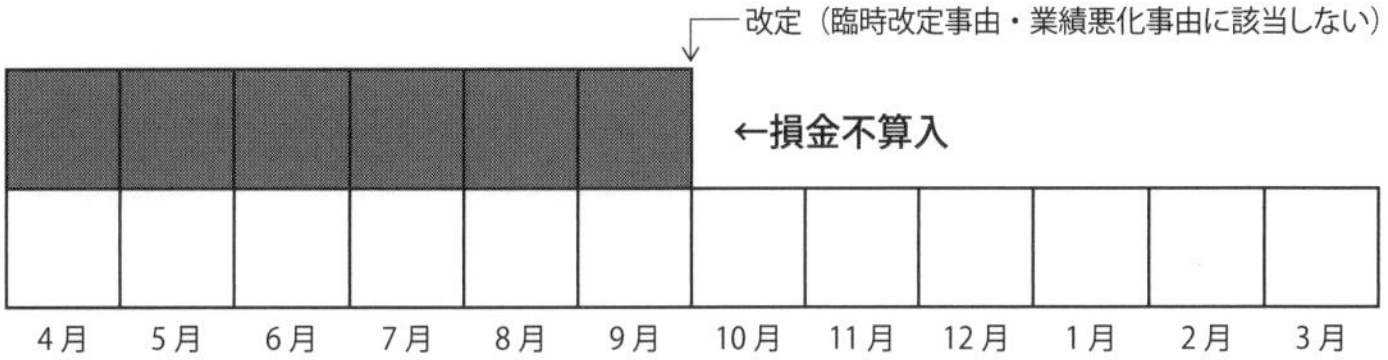

【解説】

上記のようなケースの場合、原則として改定前の定期給与のうち改定後の金額を超える部分が損金不算入になる。減額後は、その各支給時期における支給額が同額である定期給与を支給しているため、本来の定期同額給与部分を減額後の金額とみて、減額改定前の給与のうち、これを超える部分を損金不算入とするもの。

税務会計経営情報サイト「TabisLand」より作成。

15 退職者のボーナスは退職金で支給しろ

「ボーナスをもらって辞めよう」

退職する人はそのように考えがち。

辞めるタイミングとしては、まとまったお金を受け取ってからのほうがいい。それは分かる。

ただ、辞めることが確定しているのであれば、ボーナスではなく退職金として支給するほうがいい。

なぜならボーナスよりも退職金のほうが税制優遇は大きく、社員は手取りが増えるし、会社も社会保険料などの負担を抑えることができるから。

ボーナスも収入なので、社会保険料と税金がかかる。

例えば100万円のボーナスだとしたら、社会保険料だけで15万円以上になり、所得税等も課税され、手取りは70万円以下になる人が多いだろう。

しかし退職金の場合、所得の種類として退職所得となり、退職所得には社会保険料はかからないし、さらに大きな退職所得控除がつく。

【退職所得控除額の計算式】

勤続年数20年以下

40万円 × 勤続年数 （80万円に満たない場合は80万円）

勤続年数20年超

８００万円 ＋ 70万円 ×（勤続年数 － 20年）

仮に勤続年数が5年だとすれば、２００万円まで非課税。

勤続年数30年なら、１５００万円まで非課税になる。

つまり、ボーナスでもらう金額がまるまるもらえる可能性が大きく、社員は手取りが増える。会社はボーナス支給時に発生する社会保険料の会社負担分が削減できる。

ボーナスから退職金への変更は、本人と合意が取れていれば問題なく実行できる。

手取りが増えるわけだから、文句を言う人はいないだろう。

16 退職者の有給は消化させずに買い取れ

「有給休暇（有給）を消化してから辞めよう」

退社予定の人は、そう考えることが多い。

例えば、有給が30日残っていたら、30日休み、その分の給料をもらって退職日を迎えるようなケースだ。辞める人の立場から見ると、分からなくはない。

働かずにもらえる給料はもらったほうがいいし、そもそも有給の取得は働いている人の権利。

ただ辞める人にとっても、会社にとっても、もっといい方法がある。

それは、余っている有給（退職日まで消化する有給）を会社が買い取り、その時点で退職する方法である。

30日分余っているなら、その分を日給換算（月給の日割り換算）する。すぐに給料として支給し、退職予定の人にはそのタイミングで辞めてもらう。

会社としては、社員がいつ辞めようと有給分のお金は払うわけだから、その分の出費は変わらない。

しかし、有給を消化している期間は会社に在籍しているため、社会保険料がかかる。有給消化前に辞めてもらうことで、この負担を抑えることができる。

社員としても、有給を給料として受け取ると社会保険料がかかる。

しかし、会社に買い取ってもらえば、税金はかかるが社会保険料はかからない。退職金として支給すれば税金もほぼかからない。つまり、手取りを増やすことができるわけ。

「退職したいと思っています」

社員からそのような相談を受けたら残っている有給を確認しよう。

多ければ多いほど、会社は社会保険料を削減でき、社員は手取りを増やすことができ、ウィンウィンになれる。

17 社会保険料の徴収を1カ月前倒せ

まずは社会保険料の徴収方法を押さえておこう。

一般的な企業では、社会保険料は当月の給料に対して発生し、その分を翌月に支給する給料から徴収（天引きする）。

例えば、社員の4月分の給料に対する社会保険料は、5月分の給料から徴収して、5月末に会社が納付を代行する。

でも、この仕組みを少し変えるだけでメリットが生まれる。

4月分の給料に対する社会保険料は、4月分の給料から徴収し、5月末に納付する。

つまり、徴収するタイミングを1カ月前倒しにする。

この変更は経理担当者に伝えればすぐに実行できるはず。

社員の給料は4月末の時点で確定しているはずなので、社会保険料も確定する。

それを翌月に回さずに、当月の給料から天引きするように変えれば良い。

社会保険料の徴収を１カ月前倒した場合

〈モデルケース：月に数日だけ出勤して退社した場合〉

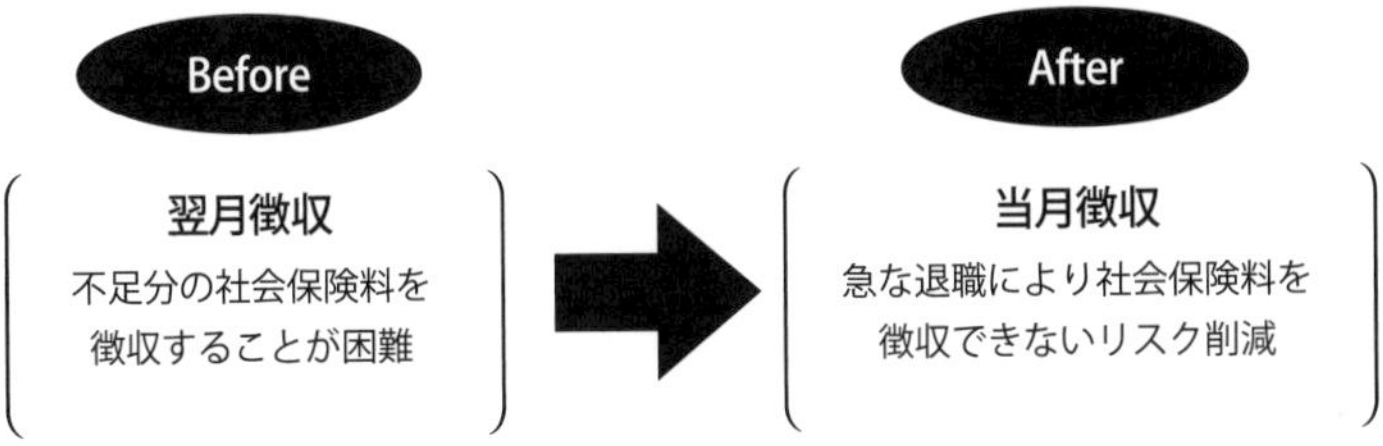

なぜこれが重要かというと、急に社員が辞めた時に社会保険料を徴収できなくなるリスクを抑えることができるから。

例えば、4月はフルで働き、5月に数日だけ出勤して退職する社員がいたとしよう。

従来の方法だと、4月分の社会保険料は、日割り計算した5月の給料から天引きすることになる。

仮に4月分の社会保険料が5万円で、数日しか出勤しなかった5月の給料が3万円だったらどうなるか。

給料だけでは足りないので、社員から別途2万円を徴収しなければならない。

でも、それはきっとできない。

辞めていく人からお金を取るのは現実的に難しい。

そもそも急に来なくなる人もいる。

18 非課税の旅費規程を上手に使え

社員が会社から受け取るお金は、給料や残業手当はもちろん、住宅手当や扶養手当なども課税対象。

しかし、非課税で受け取れる手当もある。

それが、通勤手当と旅費。

社員としては、通勤手当などを満額もらうことによって非課税で所得が増やせる。

会社にとっては通勤手当も旅費交通費も損金に算入できるため、満額支給することで節税になる。

ただし、上限がある。

電車、電車の定期、有料道路を使う場合の通勤手当は、1カ月あたり15万円。

車通勤の場合は距離に応じて限度額が変わり、2㎞以上であれば非課税になる。2㎞以上10㎞未満の通勤手当は上限4200円。

旅費は、出張時にかかる交通費、宿泊費、出張手当などを指すもの。

一般的には、旅費は出張した社員などがその都度精算する。

領収書をまとめて金額を計算して経理担当者などに提出する。

ただ、これは手間がかかる。出張が多い人は精算業務で時間を取られる。

そこで、出張の旅費規程を作る。

旅費規程は、１回の出張でかかる費用（交通費、宿泊費、出張手当）を出張先別に一律いくらとあらかじめ決めて、出張が発生した時に支給するもの。社員は領収書を精算する手間を省くことができ、経理担当者も領収書ごとに会計処理する手間を省ける。

また、一般的に旅費規程で支給する金額は実費より多くなるため、社員はうれしい。しかも旅費規程で支給した旅費代は非課税。

旅費規程は役員にも社員にもそれぞれ定めることができる。

給与や賞与で払うよりも旅費で払ったほうが、税金も社会保険料もかからない小遣いが増えるのでうれしいよね。

ただし、旅費規程で定める金額が高過ぎると税務署に否認されるので注意してほしい。

19 「プロパー融資」で実績を作れ

銀行などの金融機関の融資には2種類ある。

1つは、全国信用保証協会連合会の保証付融資。一般的にはこの融資を受ける会社が多い。保証付であるため、返済が滞ったり貸し倒れになったりした場合には信用保証協会がいったん立て替えて弁済する。銀行などの金融機関にとっては貸すリスクが小さく、貸しやすい。会社側から見ると、審査基準が低くなり、借りやすい。

2つ目は、プロパー融資。これは銀行などの金融機関が直接融資するもの。銀行などの金融機関が貸倒リスクを負うため、信用度が高い会社にしか融資実行しない。会社側から見ると、審査基準が厳しくなり、借りにくくなる。借りられた場合、保証付融資ではないので、保証協会へ支払う保証料が不要になる。

狙いたいのはプロパー融資。

保証料がないというのもメリットなのだが、重要なのは「プロパーで借りられた」という実績ができること。

銀行などの金融機関は他の銀行の融資状況を気にする。

融資の申し込みを受けた会社に対して、他の銀行がどれくらい貸しているか、どんな方法で貸しているかを確認する。

その際、プロパー融資を受けていると信用度が上がる。

「あの銀行がプロパーで貸しているなら、この会社に貸しても大丈夫だろう」

そう判断される可能性が高くなり、融資が受けやすくなる。

その第一歩として、どの金融機関でも良いのでプロパー融資を受ける。

なにも言わずに融資を申し込むと保証付融資になるので、借りる際に「プロパーでお願いしたい」と伝える。

断られるかもしれないが、お願いすることが大事。

少額でもいい。１件でもいい。

プロパー融資で借りる実績を作ることが重要だ！

20 社員を採用したら助成金をゲットしろ

正社員を増やしたい（でも人件費がかかるなあ……）。

非正規雇用のスタッフを正規社員として迎えたい（でも人件費が増えるなあ……）。

そんな時は厚生労働省のキャリアアップ助成金を活用。

派遣労働者、短時間労働者、有期契約労働者などの社内でのキャリアアップを促進するもので、正社員化した場合などに会社は助成金を受けられる。

方法は簡単で、正社員として雇う。

ただ、いきなり正社員として雇うのではなく、まずは非正規雇用でキャリアを積んでもらい、能力を見て正社員にする。

スタートは試用期間の意味も込めて2カ月の契約社員。

ここで本人のやる気、適性、性格、能力などを評価する。

「うちの会社には合わない」と判断したら、残念だが2カ月の契約期間で終わり。

なぜ2カ月なのかというと、2カ月の契約社員は社会保険の加入義務がないので、試用期間で不採用になる人のために社会保険に加入したくない会社にとっては一つの手段として使えるのである。

2カ月たって「戦力になってくれそうだ」と判断したら、さらに4カ月間の有期契約の契約社員として働いてもらう。

問題がなく、正社員になってもらおうと決めたら、ここで正社員にする。

または、無期の契約社員になってもらうか、無期になってもらったあとに、正社員にする。

キャリアアップ助成金が出るのは、このいずれかのタイミング。

助成金の金額は、有期から正社員が57万円、有期から無期の契約社員が28万5０００円、無期から正社員が28万5０００円。

業種、業界を問わずに使える制度なので、社員を採用するときには必ずチェックしてほしい。

21 多様な働き方を推奨し支出を減らせ

採用で重要なのは、働く人と働いてほしい会社のニーズをマッチングさせること。


「自由な契約で自由に働きたい」

「正社員でなくてもいい」


そう考えている社員や入社希望者がいたら、業務委託契約を検討。

正社員として雇用契約を結ぶのではなく、社外スタッフとして業務を外部発注（外注）する。

正社員として採用する場合と外注として仕事を頼む場合を比べると、契約形態が異なる（正社員は雇用契約、外注スタッフは業務委託契約）ため、賃金が変わる。

正社員に支給するのは給料、外注スタッフに支払うのは外注費。

正社員に給料を支給する場合は会社が社会保険料を負担するが、外注スタッフの場合はその必要がない。

また、給料には消費税がかからないが、外注費は課税取引。

仮に外注スタッフに５００万円払うとすると、そのうちの50万円くらいは消費税（10％の場合）であるため、会社が納める消費税から50万円控除できるので、給料で５００万円払うより消費税が削減できてしまう。


もちろん、このようなメリットを狙ってスタッフを外注化するのは本末転倒。

大事なのは、会社として多様な働き方を推奨すること。

今どきは「正社員になって定年まで勤める」だけでない。

派遣社員、契約社員、フリーランス、副業などなど、さまざまな働き方が選べる。

働く人は自分に合う働き方が選べる。

会社側は、正社員以外の働き方を求めている人に働いてもらうことができ、優秀な人が確保できたり、人手不足を解消したりしやすくなる。


重要なのは、業務委託契約で働いてもらうための仕組みをきちんと作ること。

「自由に働いてほしい」と思っていても、その意図が仕組みという目に見える形になっていなければ、税務署は「消費税削減のために外注化したのでは？」と考える。

仕組み作りのポイントは3つ。

1つ目は、外注で働いてもらう人と業務委託契約書を交わす。

契約書があることで、会社と外注スタッフが合意のうえで業務委託という形態を選んだことが明確になる。

2つ目は、外注スタッフに請求書を発行してもらう。

請求書によって報酬をやり取りすることで、業務の委託者（会社）と受託者（外注スタッフ）の間で外注の実態があることが証明できる。

外注スタッフは社員ではないので、給料明細はいらない。タイムカードのような勤怠管理も基本的には不要。

3つ目は、外注スタッフが確定申告をすること。

外注スタッフは個人事業主になるので、自分で収入を管理し、所得を申告してもらう必要がある。

外注スタッフが個人で確定申告し、納税していれば、税金の面でも業務委託の関係であることが明確になる。

税務署の否認対策では、ここが重要。

正社員と業務委託については、外注スタッフがどんなふうに働いているか、正社員の働き方とどう違うか、責任の所在はどうなっているか、といったことが注目され、もちろんそれらも重要ではあるが、基準があいまいなので、大切なことは、外注スタッフが会社と業務委託契約書を交わし、自ら請求書を発行し、確定申告し、納税する。

この事実が重要なのだ！

22 マッサージ代は医療費控除を活用せよ

確定申告では、10万円を超えた分の医療費が医療費控除になる。

医療費に含まれるのは、治療、療養にかかった医療費や、治療、療養に必要な医薬品の購入代金など。

市販の風邪薬なども対象になり、医師の処方があれば、湿布、漢方薬、サプリメント、目薬なども含まれる。

ところで、私は腰を痛めている。

腰痛を治すために治療院でマッサージを受けているので、それも医療費の対象。

「マッサージ代も医療費になるの？」

「保険適用外でしょ？」

そう言う人もいるけど、治療費になる。

なぜなら、リラックスのためのマッサージではなく、腰痛の治療だから。

保険治療（健康保険が使える治療）かどうかは関係ない。

マッサージ師になにか証明してもらう必要もない。

治療院で施術を受けていれば、施術であり、医療費控除が受けられる。


医療費控除は所得から控除されるため、所得が多く、税率が高い人ほど節税効果は大きくなる。所得の半分くらいが税金になる人なら、所得税の還付と住民税の減額を合わせて、マッサージ代の半分くらいになる。

つまり、医療費としてきちんと申告すれば、いつもの半額くらいの料金でマッサージが受けられるということ。


腰が痛い。首が痛い。肩が痛い。

そう思ったら、チェーン店のマッサージなどではなく治療ができるマッサージ店に行ったほうがいい。

頻繁に通う人ほど医療費が10万円を超える可能性が高く、所得が多い人ほど実質的なマッサージの割引率が大きくなるのだ！

23 決算月を変更し大きく節税

決算月に忙しくなる。

その原因は、決算月の設定にあるかもしれない。

決算月の決め方にはいくつか押さえておきたいポイントがある。

まず、できるだけ繁忙期を避けること。

なぜなら、決算月に大きな売上が立ち、大きな利益が出ると、決算対策として考えていた節税策が足りなかったり、間に合わなくなる可能性があるから。

売上が少ない時期を決算月にすると、決算着地の利益を読みやすく、節税対策が打ちやすくなる。

もう一つのポイントは、決算月のあとに大きな売上が出るようにすること。

決算月を変更し大きく節税

	Before 決算直前で売上増	After 決算直後に売上増
決算着地予測	× （着地利益が読めない）	○ （着地利益が読みやすい）
節税対策	× （どれくらいしたらいいのか分からない）	○ （正確な節税策が打てる）
資金繰り	× （資金不足のリスク有）	○ （法人税は決算２カ月後納付）

決算の直後（期初）に大きな売上が立つなら、節税のための十分な時間が取れる。

期初の売上の状況を踏まえたうえで、売上向上や販売戦略を考えることもできる。

また、法人税は決算から2カ月後に納付する。

この時期、つまり事業年度が始まって間もない時期に大きな売上が見込めれば、納税によって資金不足に陥るリスクも抑えられる。

資金繰りも節税も、通年の見通しを早い段階で見られるようにすることが大事ということ。

事業年度の始めに売上が出るようにすると、銀行などの金融機関から融資を受ける際にも有利になる。

通常、融資を受ける際には3期分の決算書を提出する。今期については期初からその時点までの試算表を提出する。

今期については、この試算表が大事。

融資を受けるためには、売上や利益が多いほうがいい。

事業年度の初めに大きな売上が出ていれば、銀行などの金融機関の評価は良くなる。

そこから期末に向けて下がっていくとしても、評価するのは融資を申し込んだ時点での試算表。

期の後半に大きな売上が出る場合、その実態は試算表に現れないため、評価が悪くなってしまう。

忙しさや節税対策不足の原因になっているとしたら変更を検討してみよう。

業種や業態にもよるが、どの会社も年間の売上は上下する。

何年か事業を続けていれば、売上が多い時期、少ない時期も見える。

その波を踏まえて、最も負荷が小さく、資金繰りが良くなる決算月を考えよう。

24 割引率の高いETCカードで現金の出費を抑えろ

「営業であちこち走り回っている」

「出張先でレンタカーを使うことが多い」


そんな場合は、協同組合などが発行するETCカードに切り替えよう。

ETCカードは、加入者に割引特典がつく。

簡単に言えば、組合に加入している企業の団体割引のようなもの。

どんなサービスも、常連さんやヘビーユーザーには割引や特典があるもの。

高速道路の利用料も同じ。

このサービスは、運送業界ではよく知られていて、利用している会社も多い。

車と直接関わっていない業界ではあまり知られていないが、小売りやメーカーや飲食といった業界でも、営業や出張などで車を使う機会が多い会社もある。

加入条件や割引率は協同組合によって異なるが、利用額が増えるほど割引率が大きくなるのが一般的。

例えば、月1万円以内の利用で10％割引、1万円超で3万円以内なら20％割引、3万円超なら30％割引になるようなパターン。

協同組合は加入にあたって出資金が掛かり、協同組合によって割引の対象額も変わるが、たくさんある協同組合のなかで私がオススメするのは「協同組合東京ビジネスリンク」。

ここは高速代を月2万円くらい払っている会社であれば、出資金分を引いてもプラスになることが多い。

「うちの会社は車をよく使うよなあ」

「毎月のＥＴＣカードの請求額が大きい……」

そんな場合は、まずＥＴＣカードを取り扱っている協同組合を検索してみよう。

25 銀行評価を高める損金処理の裏技

融資を受けたい。銀行などの金融機関の評価を上げたい。

方法はいろいろある。

その一つが、損金の処理を工夫すること。

例えば、中小機構の経営セーフティ共済（中小企業倒産防止共済制度）に加入するとする。

これは、取引先の倒産によって連鎖倒産や経営難に陥るのを防ぐためにある制度。

掛金は月５０００円から20万円の間で設定でき、掛金を損金（個人事業主の場合は必要経費）にできる。

さて、この掛金をどこに入れるか。

一般的には、保険料として損金に算入し、損益計算書の経費に含めることが多い。

倒産による影響を抑える保険であるから、この処理でもまったく問題はない。

ただ、経費ではなく、保険積立金として資産（計上）にもできる。

経営セーフティ共済に加入しておくと、取引先の倒産などによって経営難に陥った時に、掛金の10倍（上限８０００万円）まで借入ができる。

掛金は、そのための積立金の役目を果たしているので、資産として扱うこともできるというわけ。

「どっちでもいいなら経費にしよう」

「経費にしたほうが節税になる」

そう考える人が多いが、実際はどちらで処理しても税額は変わらない。

経費が増えるか、資産計上し法人税の申告書で損金にするかの違いで、税金は一緒。

むしろ、決算書の見た目を考えるなら、資産計上したほうが良い。

経費にすると利益が減る。

資産計上し法人税の申告書で損金にすると利益は多く見える。

結果、決算書を見る銀行などの金融機関の評価が上がりやすくなり、資金調達する際に有利になる。

この処理は顧問税理士がちゃんと申告書で処理をしないと損金にならないので注意してほしい。

26 「未払費用」の活用で現金を残し節税

税法は「債務確定主義」。

どういうことかというと、費用の発生が確定した時点で計上するのが原則で、支払いが確定している経費は、未払いであっても損金になる。

つまり、あとで払う経費だったとしても、帳簿上は未払金や未払費用として経費計上することができる。

これは資金繰りを良くする方法の一つ。

未払金や未払費用は、計上した時点では現金を払っていない。

現金を減らしていない状態で損金に算入できる。

この方法で、決算時に未払費用を経費にしておくことで、当期の利益を抑え、節税効果が見込める。

節税できれば手元に現金が残りやすくなるから、資金繰りが良くなる。

【①給与】

例えば、給料。

毎月の給料を15日で締めている（16日から翌月の15日で計算している）としよう。

この場合、決算月の16日から翌月15日までの給料は、期をまたいだ翌月の支給になる。16日から月末までの給料は決算時には発生しているため、この分が未払になり、未払金として「今期」の経費にできる。

翌月には支給するため、支給総額が減るわけではない。

しかし、決算のタイミングでは手元の現金は減っていない。

ここが大事。

今期の利益を抑える効果もあるが、決算書上、現金を多く持っていることになる。

融資を受ける場合、銀行などの金融機関は現金を多く持つ会社を好むため、印象が良くなる。

社員が多ければ多いほど未払金は増える。

社員が多い会社や人件費の割合が大きい会社ほど、これは覚えておきたいテクニック。

【②クレジットカード】

カードで先払いした経費も未払費用になる。カードの引き落としは通常1カ月後くらいになるため、手元の現金を残した状態で未払費用として計上できる。

光熱費、通信費、広告宣伝費など、費用の発生よりも現金の引き落としがあとになるものは、だいたいこの方法で未払計上できる。翌月引き落とす社会保険料も未払計上できる。

【③税金】

税金はどうか。

法人税などは対象外だが、不動産取得税、自動車税、固定資産税、都市計画税などは、発生した年度の損金にできる。

通常、これらは納付した時に租税公課で処理する。

しかし、税額が確定していれば、決算時に未払いであっても未払費用として計上できる。

今期中に発生した税金なら、債務確定主義の考え方に基づいて、今期の損金（未払金や未払費用）として計上できるわけ。

例えば、固定資産税。

固定資産税は、土地、建物、償却資産の3つに対して発生するもので、1月1日時点の所有者が納税する。

納付は4回（4〜6月、9月、12月、翌年2月）で、1回目の納付時に税額の総額と各回の納税額が分かる。

ポイントは、税金は1月1日に発生していて、納付書が4月〜5月に届くという点。

納付書の到着をもって税額が確定するため、決算時点で納付していなかったとしても未払金として計上できる。

5月決算の会社なら5月に固定資産税の納付書が届いた場合、6月、9月、12月、翌年2月の固定資産税が未払いだったとしても、まとめて5月の経費にできる。

27 銀行の決算1カ月前に融資を狙え

ビジネスはタイミングが重要だよね。

融資も一緒。例外ではなく、融資を受けやすい時期、受けにくい時期がある。

結論から言うと、狙い目は金融機関の決算月。

ほとんどの金融機関は3月決算なので、その1カ月くらい前を狙う。


一般の企業が決算を気にするように、銀行などの金融機関も決算を気にする。

なぜなら、金融機関だって株主がいる民間企業だし、金融庁の目も気になるから。

決算の見栄えを良くするために融資実績も増やしたい。

そのような心理が働くため、決算前になると、借りられる会社はさらに借りやすい企業になり、借りられるかどうか分からない会社も借りやすくなる。


重要なのは、金融機関の決算月の1カ月前の時点で資金繰りに困っていなくても、借りにいくということ。

困っていなくても借りる。

借りられる時に借りられるだけ借りる。それが資金繰りの基本。

借りられたら置いておけばいい。

現金は置いておいても腐らない。あって困るものじゃないよね。

十分過ぎるくらいの現金があるなら、運用に回せばいい。

運用方法はいろいろあるが、融資の利率は1％くらいだから、それ以上で運用できれば損はない。仮に10％で運用できれば、9％の利益になる。

そのような用途があるのだから、金利は細かく気にしなくてもいい。

金利ではなく、貸してくれるかどうか。

運用するために借りたら資金使途に違反することになるが、もともとあったお金を運用に回すのであれば問題はない。

手元の現金が増えるほど、プラスアルファの利益を狙えるのだ！

28 赤字企業は法人税を還付してもらえ

コロナの影響を境に、黒字から赤字になった会社は少なくない。

もちろんコロナの影響とは関係なく、なんらかの要因で赤字になった会社もあるはず。

そのような場合、青色申告を提出している法人であれば、法人税の欠損金の繰戻還付を受けることができる。

つまり、前年度に納めた法人税を還付してもらうということ。

【還付金額の計算式】
還付金額 ＝ 前期の法人税額 × （今期の欠損金額 ÷ 前期の所得金額）

通常、赤字は翌年以降に繰り越して損益通算する。

繰戻は繰越の逆。

今期の赤字を来期以降の黒字で相殺するのではなく、前期の黒字（に対して収めた法人税）で相殺する。

どちらの方法を選んでも良いけど、ポイントは、今期の赤字要因と来期の業績。今期の赤字が一時的なもので、来期は黒字に戻ると予測できるのであれば繰り越してもいいが、そもそもこのようなご時世で来期の黒字なんて保証できるはずがない。だから税金を取り戻せるときに取り戻しておく繰戻還付をオススメする。


実はこの制度は今までもあった。ただ、ほとんど使われなかった。その理由は、繰戻還付を受けると税務調査が入るため。

「調査が入るなら、やらない」「対応の手間がかかるからやめておく」そう考える社長が多かった。

しかし、コロナの影響で大打撃を受けた会社は多く、繰戻還付を受けたからといって税務調査があるような状況ではない。

だから税務調査の心配はしなくていい。

損益通算で赤字を繰り越す場合、その効果が生まれるのは1年以上先。

資金繰りを考えたら、すぐに現金を増やせる繰戻還付を検討してみよう。

29 納税の延長は最後の手段

法人税を含む国税には猶予制度がある。

猶予は最大1年で、納税によって事業の継続や生活が困難となる場合や、災害で財産を損失した場合などの特定の事情がある時に、税務署に申請する。

コロナの影響で経営や資金繰りが苦しい場合も、もちろんこの制度が使える。

税務署への申請は「経営が厳しい」「資金繰りに困っている」で十分な理由になるはず。


助かる？　良さそう？　使いたい？


そう考える社長は多いかもしれない。

でも、絶対にダメ。

なぜなら、法的に認められている制度ではあるけれど、実態としては税金の未納と同じ。

これは銀行など金融機関の評価を著しく低下させる要因。

融資する際に着目するのは「きちんと回収できるかどうか」。

各種支払いのなかでも税金は優先順位が高い支払項目で、その税金が未納の会社は回収不能になるリスクが大きい。

コロナで経営不振に陥っている会社がたくさんあっても、国として猶予を認めているとしても、それは融資を判断する金融機関とは関係のない話。

きちんと納税しているか、それとも未納か。そこが重要。

税理士によっては「猶予制度で資金繰りを楽にしましょう」などと提案する人もいる。でも、楽にはならない。

むしろ銀行などの金融機関から資金調達できる可能性がなくなり、資金繰りは悪化する。

唯一この制度を使って良い時があるとすれば、猶予制度を使わないと倒産する時。

銀行など金融機関からの融資が受けられなくことを承知のうえで、最終手段として使うものと心得ておこう。

30 建物と設備の減価償却費は分けろ

社宅、自社ビル、倉庫など、これから建物を建てるのであれば減価償却を意識する。まずは減価償却について確認。

建物の減価償却は、取得した建物の価値が年々下がっていくことに合わせて、価値の減少分を償却費とするもの。

建物の実際の経年劣化とは関係なく、会計上のルールとして、一定の金額（または率）を計算し、複数年かけて機械的に損金に算入していく。

複数年が何年かは、建物によって変わる。建物はそれぞれ、構造や用途によって耐用年数が違い、減価償却する年数はこの耐用年数で計算する。

例えば、鉄筋鉄骨コンクリート造の事務所は耐用年数50年。木造の事務所は24年。

仮にどちらも５０００万円で建てるとしたら、鉄筋鉄骨コンクリート造が年１００万円ずつ、木造は年２００万円ちょっとの金額を損金に算入していくことになる。

法定耐用年数

建物の構造による耐用年数の違い（事務所用）	
軽量鉄骨プレハブ造（骨格材肉厚 3mm 以下）	22 年
軽量鉄骨プレハブ造（骨格材肉厚 3mm 超 4mm 以下）	30 年
重量鉄骨造（骨格材肉厚 4mm 超）	38 年
鉄筋コンクリート造	50 年
木造	24 年

〈建物付属設備〉

構造・用途	細目	耐用年数
アーケード 日除け設備	主に金属製のもの その他	15 年 8 年
店舗簡易装備		3 年
電気設備 （照明設備含む）	蓄電池電源設備 その他	6 年 15 年
給排水・衛生設備・ガス設備		15 年

国税庁「確定申告書等作成コーナーよくある質問」より作成

構造によって耐用年数が違い、減価償却費は変わる。

そこも大事なポイントではあるのだが、着目してほしいのはそこじゃない。

どういう構造であれ、建物の耐用年数は長いということ。つまり、1年あたりの損金が小さい。

そこで建物を分解して考える。

鉄筋鉄骨コンクリート造の事務所を5000万円で建てた場合、5000万円すべてが建物にかかった費用ではないはず。

電気設備、給水設備、冷暖房、エレベーター、日除けなど、事務所を構成しているパーツはたくさんあり、それらにかかったお金をまとめて5000万円になっている。

これらは建物の付属設備で、それぞれに耐用年数がある。

例えば、電気設備（蓄電池電源設備以外のもの）や給水設備は15年、冷暖房（冷凍機の出力が22kWを超えるもの）も15年、エレベーターは17年、日除け（金属製）は15年、といった具合。

付属設備の耐用年数は建物の耐用年数より短い。

そのため、設備ごとに分解して減価償却すると、償却のスピードが早くなり、1年あたりの損金が大きくなる。

事務所を建てる際にかかった５０００万円を早く損金にできるというわけ。

早く損金にできれば、その分だけ資金繰りは楽になるよね。

そのために、これから建物を建てるのであれば、建物の設備などを分解した内訳を作っておく。

なにに、いくらかかっているかを明確にして、建物本体と各設備を分けて減価償却しよう。

31 退職金は3回払える

未来の幹部候補を育てたい。

長く働いてくれる人に報いたい。

そう考えるなら、退職金を活用。

退職金は、さまざまある所得のなかで控除が大きいものの一つ。

このメリットを活用して、社員の手取りを増やしたい。

ところで、人は何回退職金を受け取るのだろうか。

通常は1回。

「当たり前じゃないの？」って思うよね。

しかし、社員から役員になると、その際に1回会社を辞めることになるため、その時に1回、役員を辞める時にもう1回、計2回、退職金が受け取れる。

さらに、役員から出世して社長になる。社長を辞めて会長になる。

すると、会長を辞めて完全引退する時に、もう1回退職金が受け取れる。

つまり、社員から役員、社長（役員）から会長、会長から引退の3度にわたり、退職金が受け取れる。

節税メリットが大きい所得が3回もあるということ。

社員から会長まで昇り詰めるくらい会社に貢献してくれた人には、会社としても恩返ししたいと思うのが人情。

給料や賞与、役員報酬は所得が増えれば増えるほど税金が高いので、それなら退職金として渡す仕組みを作って、払ってあげたほうが本人はうれしいはず。

退職金として受け取ると社会保険料もかからないので、さらに本人の手取りが増える。

会社も、本人と折半する社会保険料が削減できる。

もちろん、退職金は控除が大きいため、税務署も「節税目的ではないか」「租税回避ではないか」と目を光らせる。

常識の範囲内、節度ある節税の範囲内で、将来、役員や会長になるかもしれない社員が喜ぶ制度作りを検討してみよう。

32 リース契約で借入枠を確保しろ

社用車のような固定資産を持つ場合、支払方法は3つある。

一括払いで買う、ローンを組んで買う、リース契約で借りる。


資金繰りの観点から言うと、一括払いの購入は避けたい。

理由は、購入費の分だけ一時的に手持ちの現金が減るため。

車は、普通自動車で6年、軽自動車で4年の減価償却ができるが、経費は早く処理したい。

資金繰りを考えると、ローンかリースという選択になる。

ローンとリースは金利が掛かるが、負担はそんなに大きくない。

ローンとリースの違いは「所有者」。

ローンは、ローンを返済すると会社の所有になる。

リースは借りているだけなので、終始、車はリース会社が所有している。

この点を踏まえると、リースがいい。

資金繰りで重要なのは、できるだけ現金以外の資産を持たないこと。

車という固定資産が増えるより、リースをサービスとして利用するほうが良い。

また、ローンもリースも月払いなのだが、ローンは借金の一種、リースはリース料で処理するという違いがある。

借金することは悪くないが、会社が借りられる借金の総額は決まっているので、ローンを抱えることによって借入枠が減る。

例えば、５０００万円まで借りられる会社が、５００万円のローンを抱えることにより、残りの借りられる金額は４５００万円になる。

一方のリースは借金ではないため、リース契約で車を使っても５０００万円まで借りられるという点に影響はない。

その点から考えると、リースが良い。

車に限らず、設備なども同じ。

固定資産になるもので、購入、ローン、リースの選択肢があるなら、まずはリースから検討してみよう。

33 紙の契約書は電子契約に変えろ

脱ハンコ。

これも資金繰りを良くするトレンドの一つ。

そもそもデジタル化は経営の効率化につながるため、人件費を含む経費の削減になり、浮いた分だけ資金繰りが良くなる。

そのなかでも脱ハンコは、簡単に言えば「紙の書類のやり取りをやめる」ということなので、紙の契約書などを作ったり、保存しておいたりするコストが抑えられる。

契約書をやり取りするために、ハンコを押した契約書を送ったり、ハンコを押して返信したりしてもらっている会社もあるが、そのための郵送代や封筒代もいらなくなる。

また、電子契約であれば収入印紙がいらない。

つまり、ＰＤＦなどで作った契約書は印紙税の節約になる。

なぜ収入印紙がいらず、印紙税が非課税になるのか。

その理由は、印紙税が紙の書類を作成する時に掛かるものだから。
電子契約書は書類の一種だが、紙ではないので印紙税が非課税になるわけ。

ちなみに、契約書を保存しておくためにプリントアウトしたとしても、その書類は課税対象にならない。
印紙税は契約書の原本に課せられるものであるため、電子上で契約が結ばれていれば、その書類のプリントアウトは原本ではなくコピーとみなされる（もちろん、契約前の契約書をプリントアウトし、ハンコを押して使う場合は印紙税が必要になるけどね）。

契約書のやり取りが多ければ多いほど、印紙税負担は大きくなる。
慣例的に収入印紙をペタペタ貼っていてはいけない。
時代はデジタル。世の中は脱ハンコ。
トレンドを踏まえて不要な納税は減らそう。

34 パートさんの勤務時間は1日6時間以内に収めろ

103万円の壁、106万円の壁、130万円の壁、150万円の壁——

アルバイトやパートで働く人たちには、いくつもの「壁」がある。

通常、壁にぶつかったら乗り越えようとするのだけど、アルバイトやパートの人たちは壁を乗り越えないように注意している。

なぜなら、壁を越えると手取りが減るため。

彼らが求めているのは、正社員のような形態ではなく、あくまでも短時間就労者として働くこと。そのなかで、できる限り手取りを増やしたい。

会社としては、その要望が叶うように調整してあげることが大事。

働きやすい環境になるほどアルバイトやパートの応募が増えやすくなり、人手不足解消にもつながる。

そのためのポイントは、1週間の所定労働時間、または1カ月の所定労働日数を一般社員の３／４未満にすること。

正社員の労働時間が8時間なら、アルバイトやパートは6時間未満。

正社員の労働日が週休2日なら、アルバイトやパートは16日未満。

この水準を超えると、アルバイトやパートの人が社会保険に加入することになり、保険料負担が発生する。保険料負担は手取りが減ることにつながるため、３／４未満に抑えることが大事。

社会保険料は働き手と会社の折半であるため、アルバイトやパートの人が社会保険に加入しないのであれば、会社側も社会保険料削減のメリットがある。

ちなみに、４つの壁の詳細は以下のとおり。

１０３万円の壁：１０３万円を超えた給与に所得税が発生する

１０６万円の壁：大企業に勤めているアルバイトやパートの人に社会保険料の加入義務が発生する

１３０万円の壁：中小企業でアルバイトやパートをする人に社会保険料の加入義務が発生し、配偶者や親などの扶養範囲から外れる

１５０万円の壁：配偶者の配偶者特別控除が減り始める金額

35 謝礼する時は契約書を交わせ

「ご友人を紹介いただいたら10万円の謝礼をお支払いします」

住宅販売などでよくある紹介キャンペーン。

ところで、この10万円は損金にできる？

どの科目で落とすのがいい？


紹介者に支払う謝礼は通常は交際費になる。

交際費は原則として損金に算入できないが、中小企業の場合年間８００万円までは損金にして良い、というのが今のルール。

紹介料も営業のために使っているお金なので、経費として損金にしたほうがいい。

ただ、ここで困ってしまうのが「年間８００万円」という上限。

紹介による顧客獲得が多い会社は、すぐに上限に達してしまう。

紹介キャンペーンで使う金額が多いほど、その他の接待費用（取引先との飲食、ゴルフなど）や交際費（お中元、お歳暮など）が制限されてしまうこともある。

そこで、考え方を根本から変える。

紹介獲得を依頼して、その対価として報酬を支払うようにする。

こうすることで、謝礼として払っていた交際費は報酬になる。支払手数料や販売手数料などとして損金に算入できるようになる。

例えば、家を購入した人が「友人も住宅購入を考えている」と紹介してくれたのなら、情報の対価に支払手数料を報酬として払う。

何度も顧客を紹介してくれる人には販売手数料として報酬を払う。

ただし、報酬として認めてもらうためには契約書が必要。

「紹介していただいた場合、成約金額の○○％のご紹介料をお支払いします」というような契約書。

その業務を委任・委託するという内容の契約書を作り、そのうえで紹介してもらう。

契約に基づき、委託者と受託者という関係で紹介をお願いしていることを明らかにしておくことが重要なのだ！

レア度★★★

他言無用！
税理士から教わらない
資金繰り 15

36 役員賞与は「事前確定届出給与」として届け出ろ

「役員賞与も損金にできたらいいのに……」

そう思ったら「事前確定届出給与に関する届出書」が有効。

「事前確定届出給与に関する届出書」は、役員に支給する賞与の支給時期と支給金額を明記して提出するもの。

まずは役員に支給するお金の基本を押さえておこう。

会社が役員に支給するお金は、社員にとっての給与のような「役員報酬」と、ボーナスのような「役員賞与」がある。

この2つは似ているけれど大きな違いがある。

それは、役員報酬は会社の損金（経費）になり、役員賞与は損金扱いにならないということ。

なぜ賞与は損金扱いにならないのか。その理由は、役員に賞与を支給することで、税金逃れのための利益調整ができてしまうから。

中小企業では社長の配偶者や親族が役員になっているケースが多い。つまり、身内でお金が回っている。

その人たちにたくさん賞与を支給すれば、利益が多かった年の年度末（期末）に課税対象となる利益を減らすことができてしまう。

それを防ぐために役員賞与は損金にできないようになっているわけ。

さて「事前確定届出給与に関する届出書」の話。

これを提出しておけば、記載した内容のとおりに賞与が支給された場合に、その賞与が「役員報酬」の扱いになり、損金に算入できるようになる。

税務署が気にする会社の利益調整は、決算直前に起きる。

例えば、期末になって利益を見た社長が「今期は利益が多いから減らそう」などと考えて賞与を支給するケース。

しかし、あらかじめ賞与額を決めて税務署に報告する仕組みにしておけば、このような不正は防げる。だから「事前」に賞与を「確定」させて、「届出」した場合は、損金にしていいよ、というわけである。

会社としては損金算入が多いほうが節税効果は高まるため、この届け出は出したほうがいい。

例えば、役員の菅原太郎に500万円、同じく役員の菅原花子に300万円の報酬を支給することにして、届出を出しておく。これだけで期末に計800万円を経費として落とせる。これは大きい。

「経費にできる」という選択肢ができ、「ああ、役員報酬をもっともらっておけばよかった……」といった後悔を防ぐことができる。

また、この届出が特徴的なのは、事前に届け出た金額と実際に支給した金額が完全に一致している場合のみ損金にできるという点。

1円でも違うと損金にならない。

菅原太郎に500万円と届け出て、実際に支給した金額が499万円だった場合、499万円が丸々損金にならないということ。

では、1円も支給しなかった場合はどうなるか。

この場合は金額が一致しないため、支給する分が損金不算入になるのだが、支給額が0円なのでそもそも損金不算入になるものはない。

つまり、利益が出ている場合は届出のとおりに500万円と300万円の報酬を支給し、800万円の経費を作ることができると同時に、利益が出なかった時や資金繰りが厳しい時は、無理に支給せずに、手元の資金を残すことができる。

菅原太郎に500万円、菅原花子に300万円という内容で届け出たケースで考えると、4つのパターンが考えられる。

見込みどおりに利益が出たら、2人に賞与を支給して800万円の損金にする。

それほど利益が出ず、役員のどちらか1人が責任を取って賞与を放棄し、どちらか1人のみ賞与を支給し、500万円か300万円の損金にすることもできる。

全然利益が出ずに、資金繰りが厳しい場合は、2人とも0円にすることもできる。

このように役員2名なら会社の業績次第で4つのパターンが考えられ、決算着地をどうするかを決めることができるのである。

この届出は、株主総会などの決議日から1カ月以内か、事業年度が開始した日から4カ月以内に提出する。

1日でも遅れると損金にできなくなるため、忘れずに提出しておこう。

37 社長は賞与を前借せよ

「事前確定届出給与に関する届出書」は役員と会社の社会保険料対策にもなる。

この届出を出しておくと、賞与を支給することで損金にすることができるが、業績や資金繰りが悪くなったら無理に支給しなくてもいい。

これだけでも便利だが、もう一つ別の活用ができる。それは、社会保険料の節約。

役員が負担する社会保険料は、健康保険・介護保険料と厚生年金保険がある。

これらは基本的には役員と会社が折半するため、社会保険料を抑えることができれば、役員も会社も負担金が軽くなる。

中小企業の社長の場合、実質的には社長の分と会社の分を両方負担しているため、社会保険料の削減は可処分所得（手取り）を増やすことになるとともに、会社の資金繰りを良くすることにもなる。


では、どうやって削減するか。

役員が払う保険料（健康保険、厚生年金保険）は、月々の報酬額によって決まる。報酬が多ければ多いほど保険料も高くなり、報酬の上限は、健康保険が月額135万5000円、厚生年金保険が63万5000円。

賞与についても同じ。賞与として受け取った金額に保険料率をかけて保険料を計算するため、受け取る金額が多いほど保険料も高くなる。

ただし、役員報酬と比べて役員賞与は上限が低い。

賞与の上限は、健康保険が年度累計で573万円、厚生年金保険は1回の支給につき150万円なので、それ以上受け取ったとしても、保険料は増えない。

つまり、賞与が1000万円だったとすれば、健康保険は427万円（1000万円－573万円）、厚生年金保険は850万円（1000万円－150万円）が社会保険料の掛からない収入ということになる。

実際に計算してみよう。

月給100万円、年収1200万円の役員が、このお金をすべて役員報酬として受け取る場合の社会保険料はいくらになるか。

役員報酬を賞与にした場合

〈モデルケース：月給 100 万円、年収 1,200 万円の役員〉

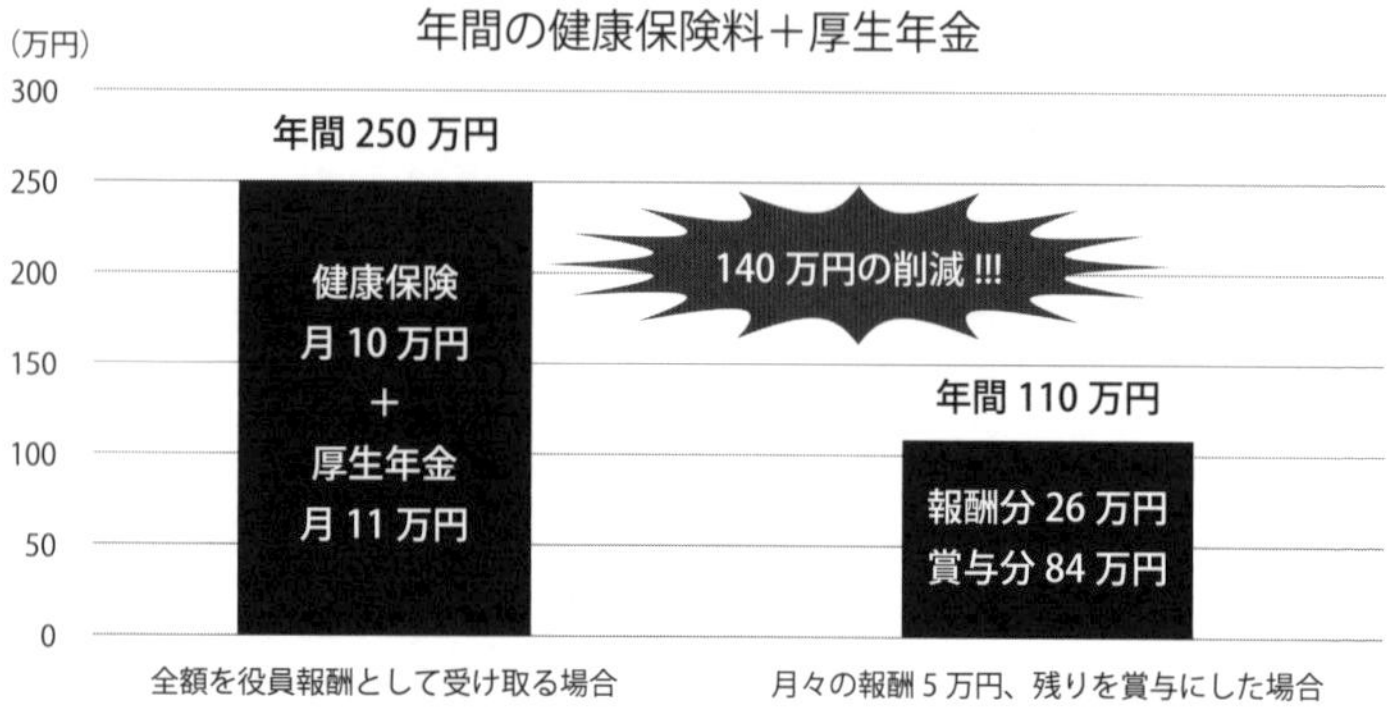

月々の健康保険料は約10万円、厚生年金が約11万円となり、合計で年間約２５０万円の負担になる。

では、総額は変えずに、月々の報酬を５万円にして、残りを賞与で受け取るとどうなるか。

５万円の報酬にかかる社会保険料は、健康保険料が月々約６０００円で、厚生年金が１万６０００円で、年間で約26万円になる。

残りの１１４０万円を賞与で受け取ると、健康保険料も厚生年金保険も前述した上限を超えるため、上限を超える分については社会保険料がかからなくなる。

金額は、健康保険料は56万円、厚生年金が27万円で、合計83万円。

報酬にかかる分と合わせて１１０万円ほどになり、すべて報酬で受け取った場合と比べて１４０万円以上の削減になる。これは大きい。

このメリットを得るために、事前確定届出給与に関する届出書で、役員報酬として１１４０万円受け取る（会社としては支給する）ことを届けておけば良い。

ここで例にした金額設定は極端な例だが、収入が多い人ほど賞与でもらう分を増やしたほうが良いというポイントは分かってもらえるだろう。

「月額10万円では生活できない」

そういう場合は、一時的に会社からお金を借りればいい。

例えば、月々90万円ずつ会社から借りて、月々の手取りは、月10万円の報酬と合わせて１００万円になる。

これなら生活費としてはおそらく十分だろう。

借りた分は賞与を受け取る時に精算すれば良い。

借りた分には社会保険料がかからないため、社会保険料を削減できる効果は変わらない。

38 確定給付年金（DB）を活用せよ

iDeCoが人気。

iDeCoは個人型の確定拠出年金（DC）のことで、節税効果が大きいのが人気の理由。まず、積み立てた時に掛金が全額所得控除になる。

また、運用中は分配金などの運用利益が非課税になる。さらに、60歳以降で受け取る時に、年金として受け取る場合は公的年金控除、一時金として受け取る時は退職所得控除が受けられるため、ここでもかなり税金が優遇される。

ただ、資金繰りという点から見ると、60歳まで受け取れないのがネック。

そこで注目したいのが、確定給付年金（DB）である。

確定給付年金の1つである「福祉はぐくみ企業年金基金」を例にすると、この年金は退職や休職のタイミングでも受け取れる。

これは大きい。

今は終身雇用がない時代。転職も珍しくない。

女性は結婚や出産を機に退職することがあるし、男女問わず、起業する人も多い。

お金が必要なのは、まさにこういう時である。

60歳になって「そろそろ引退だなあ」「年金ももらえるなあ」などと考えるタイミングではなく、脱サラして起業する時、仕事を辞めて育児に専念する時に、お金が必要になる。

確定給付年金は、そのタイミングでお金を受け取れる。

女性や起業を考えている人には是非勧めたい制度。

もちろんｉＤｅＣｏと同じような効果があり、掛金は毎年の所得から引くことができ、受け取り時は退職所得控除が受けられる。


ただし、確定給付年金への加入は、勤め先を通じて行う。つまり、勤め先の会社が契約しなければならない。

経営者としては社員の資産形成を支援し、喜んでもらうことができる。社員だけでなく、会社も社会保険料の削減効果があるため、メリットが見込める制度だ！

39 賞与は3月に支給

日本は3月決算の会社が多い。

賞与の支給は夏と冬が多い。

慣習的にそうなっているが、これは資金繰りの面から見ると、あまり良くない。

銀行などの金融機関は、会社の決算書などを見て資金を融資するかどうか判断する。

つまり、会社の決算書は、銀行などの金融機関に「貸してもいい」「貸したい」と思ってもらう重要な資料であるということ。

内容が良いほど融資を受けられる可能性は上がる。

決算書の見せ方は操作することは可能である。

節税と銀行評価を良くする手法の一つとして、決算賞与をオススメする。

具体的には、社員に支給する賞与の通知を決算月、実際の支給を翌月に設定する。

通知は、賞与の明細書を渡すということ。

決算日から1カ月以内（来期に支給する、という点が大事）に賞与を支給する。

すると、賞与は今期に発生した費用となり、その分を利益から損金として引くことができ、節税になる。

それも大事ではあるのだが、重要なのは実際の支給を翌月に設定するという点。

決算書は決算日時点の情報をまとめる。

決算日にはまだ賞与を支給していないので、来月、賞与として支給する予定の金額が、貸借対照表の現金預金の科目に載る。例えば、決算賞与を総額１０００万円支給するなら、決算書の現預金残高が１０００万円多く見える。

融資対策ではここが大事。

銀行などの金融機関は、現金を持っている会社に融資したいと考えるから。

決算日にはできるだけ多くの現金預金を持っていることが重要。

現金預金が多い決算書は銀行の評価で3年間使われることになる。

「貸してもいい」「貸したい」と思ってもらうために、決算月に合わせて賞与の支給額を通知し、翌月に支給時期を調整しよう。

さらに、決算賞与は特別損失として計上できるので、営業利益、経常利益を下げずに決算書を作ることができる。決算賞与はいいことばかりの決算対策なのだ。

40 短期借入金は究極の長期借入金

銀行などの金融機関の融資は、返済期間が長いほうがいい。

返済が長ければ長く借りられる。

1回あたりの元金返済も少なくなり、総じて資金繰りが楽になる。

では、短期の借入はダメなのかというと、そんなことはない。

むしろ短期の借入は究極の長期借入金になり、長期的に資金繰りを良くする。

どういうことか。

1年後に一括返済する条件の短期借入金は、借入期間中の元金返済がなく、利息だけ払う。

長期の借入が毎回の返済に元金を含めながらコツコツ返済していくのに対し、短期借入は元金返済を繰り延べるため、手元の資金もほとんど減らない。

100万円借りたら、多少の利息は払うが、100万円をほぼ丸ごと1年間にわたって手元に置いておくことができる。

しかも、借り手が望めばほとんどの場合、借入契約は延長可能。

利息をきちんと払っていることが大前提だが、返済期限が近づくと銀行などの金融機関から延長の申し出がある。

「はい、延長でお願いします」

そう答えるだけで、もう1年借りることができる。

翌年も同様の流れで、さらに1年借りることができ、その翌年も同様に借りることができ、といった具合に、ずっと借りることができ、手元に現金を確保できる。

言い方を変えれば、利息を払っている限り、短期借入金は無期限の借入金であるということ。

貸し手である銀行などの金融機関としては、延長してもらうことで利息が取れる。

「期限が来たので返済してください」と返済を迫る合理的な理由がない。

借り手である会社にとっても、利息を払うだけで手元の資金が増えるため、完済する理由はなく、借りっぱなしで良いのだ！

この手法を短期継続融資というが、金融庁も推奨している融資なのでぜひ活用してほしい。

41 融資の「据置期間」は交渉して延長させよ

融資を受ける際、必ず交渉したいのが据置期間。

据置とは、融資実行から何年間かは元本を返済しなくてもいい（利息は払う）というもので、据置期間が長いほど現金を手元に置いておける期間も長くなる。

しつこいけど、資金繰り経営とは繰り延べ経営。

現金の出は遅ければ遅いほど資金繰りが楽になる。


注目したいのは、ほとんどの融資の据置期間は「最長何年」という書き方をしていること。最長の話なので、「最長5年」と書かれていても、必ず5年間は元本返済がないわけではない。

むしろ、最長の期間を確保できるのは珍しい。

たいていの場合、最長5年なら「3年据置」「1年据置」という話になる。

業種や業界によって据置期間が決まっていることもあり、私たち税理士業界は「最長5

年」と書いてある融資でも、ほぼ毎回「1年です」と言われてしまう。

それに対して「そういうもんか……」と思う人が多い。


しかし、ここで諦めてはいけない。

交渉する。


先日、コロナ関連融資で資金調達した時の話。

申し込みの電話をしたところ、担当者は案の定「1年」と言う。

「先生の業種で5年は無理です」と言われた。

ここで交渉。

「5年でお願いします」

「それは無理です。先生の業種は仕入れもないわけですし」

そんなことは分かっている。でも、粘る（笑）。

「そこをどうにか、5年でお願いします」

「無理です」

どうやら5年は無理そうなので、ここで作戦変更。こっちも多少、妥協する。

「では、何年ならいけますか」

「そうですねえ、頑張っても2年ですねえ」

1年が2年になった。でも、まだ粘る。

「2年ですか。2年はつらいです。コロナがこの先どうなるか分からないので、3年でお願いします」

「いや、そもそも1年ですから、3年は無理です」

「どうにか3年でお願いします」

そう言って、私は電話を切った。


結果、どうなったか。

後日、郵送で書類が届き、そこには「据置期間3年」と書いてあった（笑）。

つまり、原則1年でも交渉次第では3年にできるかもしれないということ。

諦めたら1年だが、頑張った結果3年。

2年の差は大きいよね。

金融機関によるが、原則1年の据置期間から、2年、3年への変更を担当者が判断しているケースが多い。

もちろん、審査や決算書の確認があるため、信用格付を高くしたり、決算書の見栄えを良くしたりしておくことも大事だが、まずは交渉だ。交渉はタダだから。

資金繰り経営を実現していくために手間と労力を惜しんではいけないのだ！

42 生命保険は決算月に契約せよ

会社で社長に生命保険をかけるケースは多い。

これは、保険料を損金として節税につなげる効果があるが、資金繰りの面でも大事。

生命保険は貯蓄性が高い保険であるため、資金繰りに困った時に保険を解約し、現金を作ることができるから。


ところで、契約はどのタイミングが良いのだろうか。

例えば、3月決算の会社で、3月に保険に加入する。

この場合、1年分の保険料を年払いすることによって今期の損金ができる。今期の利益が多ければ、保険料の損金部分は節税になる。

では、翌年が赤字だったとしよう。

赤字の場合は節税する必要がない。しかし、保険料の支払日は今期と同様に決算月になる。

そうなると、保険料がもったいない。払うとさらに損金が増え赤字が増える。

そのような時は、保険料の支払いを1カ月遅らせる。保険料は、契約月ではなく保険料を払った時に経費になるため、次の月に払うことにより、赤字になった次の期の損金にすることができる。

「保険料の払込を遅らせて大丈夫？」と心配する人もいるかもしれない。

大丈夫。

保険には、保険料の支払いの猶予期間がある。払込期日までに保険料が支払われなかった時に、払込期日から1～2カ月の猶予期間が設けられる。

この期間を使って払込日を決めることで、赤字の期の保険料を、翌年の保険料にすることができる。

言い方を変えると、この選択肢を作るためには、決算月かその前月（猶予期間が2カ月の場合）に加入する必要がある。

3月決算の会社なら、2月か3月に契約する。

この場合、猶予期間を使うことで、期が変わった4月に保険料が払える。

4月から1月の間は契約してはいけない。

生命保険は決算月に契約せよ

〈３月決算３月契約の場合と３月決算１月契約の場合の比較〉

３月決算３月契約の場合	３月決算１月契約の場合
〈Good〉 ・今期利益が多ければ、保険料分が節税 ・赤字の場合は支払いを翌期にずらせる	〈Bad〉 ・支払いを翌期に持ち越せない

1月契約だと3月までに保険料を払わなければならず、支払いを次の期に持ち越すことができなくなるからだ。

保険会社の担当者は、すぐに契約してほしいと考えるだろう。しかし、資金繰りのことを考えるなら、契約日は決算月を踏まえて決めるのが正解。

また、保険会社は保険料を確実かつ予定どおりに徴収したい。そのため、契約時に自動引き落としの手続きを求める。しかし、自動引き落としになると払い込みのタイミングを遅らせることができない。

そのため、自動引き落としではなく毎年振込みにすることによって、支払月を選べるようにしておくことをオススメする。

ちなみに、これはあくまでも資金繰り優先で保険加入を考える時の話。

資金繰りを考えると決算月まで待つのが正解だが、契約を待っている間に保険事故が起きる可能性もある。この場合、当然だが保険金は下りない。

その可能性はゼロとは言えないので、資金繰りと保険によるリスク管理の両面からきちんと考えるのが良いという点を補足しておく。

43 分社化せずに「個人事業主」となれ

事業拡大の過程では、分社化や子会社の設立という話が出てくる。

もちろん、それも重要な施策。

でも、その前に個人事業主になることを考えてみよう。


個人事業主のほうが分社化するよりもメリットがあるという話は、交際費のところでも触れたとおり。

ただ、メリットはそれだけではない。

法人と個人事業があると、収入源が2つになることによって社会保険料を削減できる。

例えば、こんなケース。

現状、会社から役員報酬として100万円受け取っている。

この場合、社会保険料は役員報酬の100万円に対してかかってくる。

では、個人事業を立ち上げ、会社で引き受けていた仕事の一部を個人で引き受けることにするとどうなるか。

仮に、仕事を分けた結果として、会社から受け取る報酬が50万円、個人事業の収入が50万円になったとする。

収入の総額は１００万円なので同じ。

しかし、個人事業で受け取る50万円には社会保険がかからないので、社会保険は会社からもらう50万円にかかることになる。

もちろん、社会保険料を削減するために個人事業を立ち上げるというのは本末転倒。

子会社設立の案がある場合や、事業を2つに分けられる場合には、こういうメリットを踏まえて、個人事業の立ち上げを検討してみてほしい。

44 社員の手取りは増え、会社の負担が減る社宅制度

会社は負担を抑えて、資金をできるだけ手元におきたい。

社員は手取りを増やしたい。

この両方を実現する方法の一つが社宅制度。

方法は簡単で、会社が物件を借りて、社員に社宅として提供する。


例えば、基本給30万円で家賃10万円のマンションに住んでいる社員がいたとしよう。

基本給30万円だと、手取りは23万円くらい。

そこから家賃を払うので、残りは13万円くらいになる。

このマンションを会社が借りて、社員に貸す。

ただ、借りて貸すだけだと会社の負担が増えるので、社員の基本給も減らす。

まずは本人の基本給を8万円下げて22万円にする。

社員の手取りは増え、会社の負担が減る社宅制度

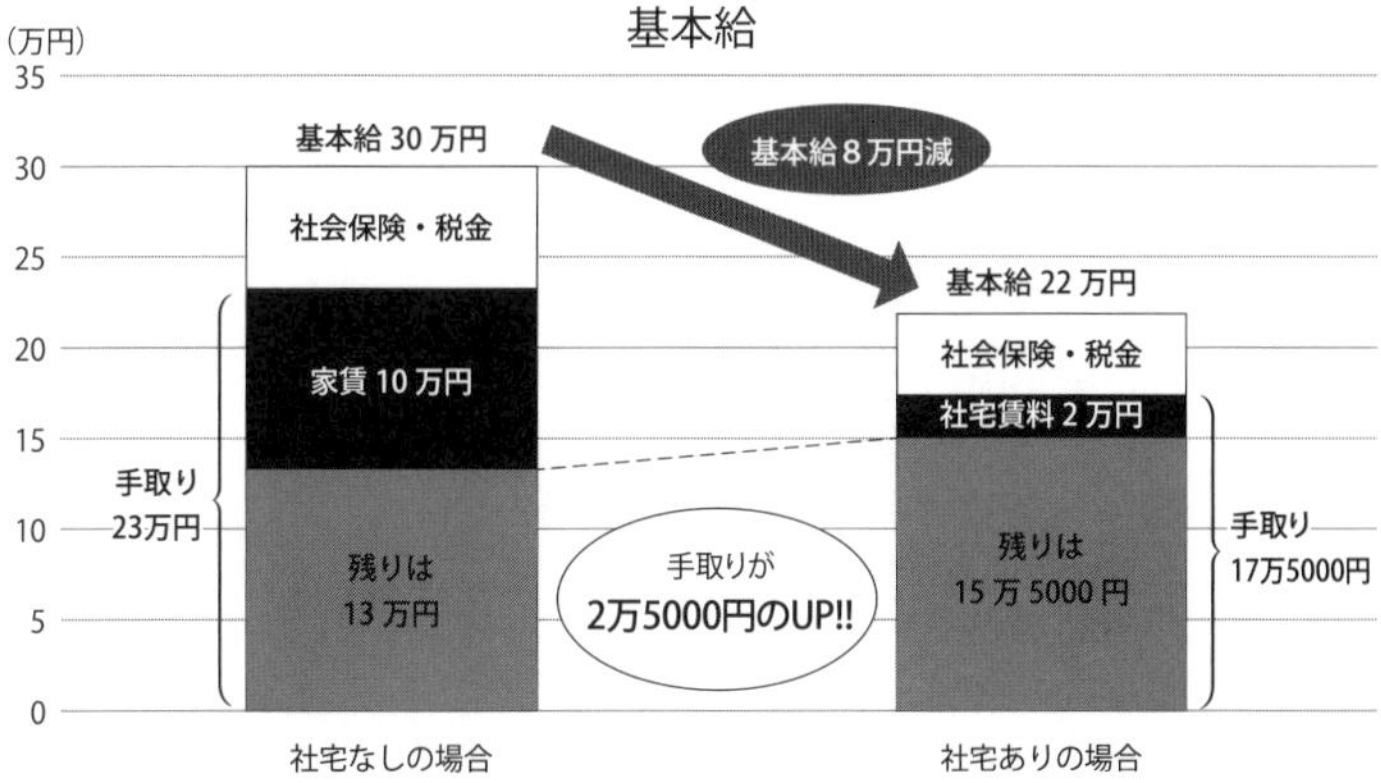

その分、社会保険料と税金が下がるので、手取りを計算すると17万５０００円くらい。

ここから社宅の賃料として２万円徴収する。

社宅制度を作る際のルールとして、社員に社宅をタダで提供すると社員に給与所得として税金がかかるので、少額は社員から徴収することをオススメする。そのため、少しだけ家賃を受け取る。金額は家賃の２割くらい。

この時点で社員の手取りは15万５０００円になり、自分で家賃を払っていた時と比べて２万５０００円近く増えることになる。１年で考えると１カ月分の給与くらいになる。

一方の会社は、マンションの賃料負担が増えるが、その分は社員の基本給を下げることによって補える。また、社員の給料が下がれば、その分の社会保険料の会社負担分も下がる。仮に社員1人（社宅1つ）につき月1万5000円の社会保険料の削減になると、社宅を利用する社員が10人いれば年間180万円になる。

社員は手取りが増えて、会社は負担が減る。

まさにウィン・ウィン。

社宅住まいの主な対象となるのは、賃貸マンションやアパートで一人暮らしをしている若い社員になるだろう。

社宅にする物件は、社員が見つけた物件でもいいし会社で見つけた物件でもいい。どんな物件であれ、会社が物件のオーナーと賃貸契約を結ぶ。

それだけで社宅として提供できる。

それだけのことで社員も会社もメリットが得られる。

当然、社員の収入に関わるため社員との話し合いが必要だが、メリットを伝えれば「やりたい」と手を挙げる社員は多いはず。

「会社が家賃を負担する」

「手取りが増える」

「年間で基本給1カ月分くらいになる」

そう聞けば、社員として断る理由はないだろう。


細かく見ると、物件によっては敷金、保証金、礼金などが発生する。会社が物件の借り手となるため、火災保険と仲介手数料も会社が負担することになる。

その分は社員に支給するボーナスから減額するなどして調整することも可能だろう。

敷金、保証金、礼金などは契約時の1回だけしかかからないため、調整の手間も最小限で済むはずだ！

45 収入の処理を工夫して融資を受けやすくしろ

社宅を社員に貸して、給料から賃料を天引きする。

さて、この収入はどう処理するか。

銀行などの金融機関から融資を受けたい場合は、決算書の見栄えが良いほうがいい。

その点から考えると、損益計算書の営業損益に入れるのが良い。


社宅の賃料は、一般的には雑収入として処理する。

雑収入とは、本業以外の収入を指す営業外収益の一つで、損益計算書では営業利益の下で加算する。つまり、雑収入として処理することで経常利益が増える。

これは銀行などの金融機関の視点から見ると、いいこと。

銀行などの金融機関では、融資担当者が営業利益と経常利益を見るため、評価を良くするためには、この2つの金額が多いほど良い。

ただ、経常利益が増えるよりも、その上にある営業利益が増えたほうがさらに見栄えが良くなる。

見栄えが良いということは評価が高くなり、融資も受けやすくなるということ。

そこで、社宅の賃料を販売費および一般管理費にする。

収入なのに販売費および一般管理費で処理するの？と思われるかもしれないが、「従業員負担経費」という科目を使い金額をマイナス表記にする。

賃料が年間１００万円なら、営業外収益の部のなかで雑収入にするのではなくて、その１つ上の販売費および一般管理費で、マイナス１００万円の経費として処理し、営業利益を１００万円増やすのである。

マイナスの経費ということは利益が増えるということ。

銀行は本業でいくら儲けているかを評価するため、営業利益が１００万円増えたほうが評価が高くなるのである。

社員から天引きするマイナスの経費として、賄い代などの食事代、保険料、社用車の使用料なども同様の方法で処理できる。

46 所得拡大促進税制を使え

給料を増やしたい時は、所得拡大促進税制を検討。

これは「賃上げ税制」とも呼ばれるもので、この制度を使うことにより、給料の増額に応じた税額控除が受けられる。

分かりやすく言えば、社員に支給する給料を増やしたら、その金額に応じて法人税（個人事業主の場合は所得税）を安くする、という制度。

制度の内容は細かく変わるけど、現状（２０２１年4月時点）だと、給料の支給額が前年度比で１・５％増えている場合に、法人税の控除が受けられる。

控除額は、給料総額の前年度からの増加額の15％。

また、給料の支給額が前年度比で２・５％増えるとともに、教育訓練費が前年度比で10％以上増加、もしくは中小企業等経営強化法に基づく経営力向上計画の認定を受けるなどした場合は、15％の控除が25％になる。

増加額の15％は損金を算入できるのではなく、税額から直接控除できる。

つまり、現金が戻ってくるのと同じ。これは大きいよね。

重要なのは、１・５％（25％の控除を狙う場合は２・５％）という条件を確実にクリアしていること。

少しでも下回ると控除額はゼロになる。

それを避けるために、あらかじめ１・５（または２・５）％を超えるようシミュレーションしておく。

もし、決算直前に計算し「１・４％だった」と気づいた場合はどうするか。

その時は賞与で差額を調整する。

足りない分を決算賞与として支給することで、社員は所得がさらに増え、会社は税額控除を受けることができる。

ポイントは決算直前にシミュレーションをしておくこと。

決算を経過してから１・４％だったと気づいても「時すでに遅し」だからね。

47 子会社では「非常勤役員」になれ

分社化は会社を成長させていくために有効な手段の一つ。

損金に算入できる接待交際費を増やしたり、法人税の節税につなげたりなど、さまざまなメリットがある。

では、2つ目の会社（子会社）を作るとして、社長は誰が務めるか。

「自分の会社だから自分が社長に」

そう考える人は多いが、得策ではない。

なぜなら、社長は常勤の役員で、役員報酬に社会保険料がかかるため。

社会保険料は収入によって増える。

本社と子会社の両方から報酬を受け取るようになると、報酬が増えた分だけ社会保険料負担も増える。

また、社会保険料は会社と折半する。

社会保険料の負担は、だいたい報酬の３割。つまり、会社が１割５分を負担することになる。

社員の立場なら、会社が半分出してくれてうれしい。

しかし、中小企業のオーナー社長は、会社も実質的には自分の物であり、会社のお金は自分のお金。

自分が受け取る報酬から払うか会社から払うかの違いはあっても、どちらも自分のお金と考えると、削減できるなら削減したい。

そこで、子会社は配偶者や親族などに社長を務めてもらう。

自分は非常勤役員として経営に関わる。

非常勤役員は社会保険に加入できないので、このような組織体制にすることで、自己負担と会社負担の社会保険料を削減しつつ、子会社を育てていくことができる！

ただし、配偶者や親族が仕事をしている実態がなければ、それらに支払う役員報酬が否認されるので、必ず実態を作っておくことがポイントである。

48 ヴィトンのバッグもアップルウォッチも経費で落とせ

ブランドもののバッグは経費として損金に算入できる。
ただし、そのためには条件が一つある。
さて、その条件とはなにか？

値段？　違う。
メーカー？　違う。

答えは、仕事（事業）で使っているかどうか。
仕事で必要なものは経費になる。経費として損金に算入する。
とても当たり前の話。
ところが、世の中では「ブランドものは無理」と思われている。

その理由の一つは、価格。つまり「高過ぎるから無理」という考え方。

例えば、ルイ・ヴィトンのアタッシュケースで、プレジデントというバッグがある。値段は80万円以上。

これを経費にしたら、ほとんどの人が「高過ぎる」と思うだろう。税務調査でもきっとそう言われる。

では、「高い」の定義はなんなのか。

いくらなら「妥当」で、いくらから「高い」のか。

例えば、工場で1億円の設備を入れる。2億円かけて自社ビルを作る。

これらはヴィトンのバッグよりはるかに高い。

しかし、どこの会社も経費（減価償却）に入れる。

「その設備は高過ぎる」「もっと安い設備じゃないとダメ」とは言わない。

なぜなら、事業で必要なものだから。

必要なものは経費として落とすのが基本。

税務署は「ヴィトンである必要性がない」「社長の趣味のものでしょう？」と言う。

これも「ブランドものは無理」と思われている理由の一つ。

でも、これもやっぱりおかしな話。

ヴィトンである必要性はないかもしれないが、だからといって、ヴィトンのバッグを仕事で使ってはいけないわけではない。

ヴィトンが私の趣味だとしても、趣味をとやかく言われる筋合いもない。

しかも、80万円のこのバッグは「ビジネスバッグ」として売られているアタッシュケース。アタッシュケースを遊びで使う人はいない。どう見ても仕事用。

商品名は「プレジデント」で、社長の仕事のために作られている。

そう考えれば、このバッグは完全な仕事用。仕事で使うためのものなのだから、経費にならないはずがない。

「ブランド物を買いましょう」という話ではない。

事業で使っていると堂々と言えるものは、「高いかな……」「否認されるかな……」など余計な心配をせずに堂々と経費にしよう、ということ。

ヴィトンのバッグでもグッチのバッグでも、値段やブランドは関係ない。

重要なのは用途。

事業で使っているなら経費になる。

仕事に必要なものなら経費になる。

法人税の実効税率が30％くらいとすれば、ブランド物を３割引で買っているのと同じ。

事業で必要なものが割引価格で買えれば、その分だけ現金が手元に残り、資金繰りが良くなる。

ちなみに、ブランドものと経費の話では「腕時計は経費になる？」という質問をよく受ける。

残念ながら、腕時計は厳しい。

なぜなら、仕事以外の時も使うため、仕事に必要と言い切れないから。

ただ、アップルウォッチは経費になる可能性がある。

アップルウォッチは、ウォッチという名前がついているけど、機能はｉＰａｄやｉＰｈｏｎｅと同じで電話もメールもスケジュール管理もできる。

デジタル化時代だし、出先でメールなどを見る機会も増えていることを考えれば、仕事に必要なものと認められて当然である。

「ウォッチ」という名前じゃなく、スモールＰＣとかウェアラブルＰＣみたいな名称だったら、多くの人が迷いなく経費で落としているだろう。

49 フェラーリも経費にせよ

「ヴィトンのバッグは経費になる」

セミナーなどでこの話をすると「スーツは？」「外車は？」「フェラーリは無理でしょう？」などと聞かれることが多い。

フェラーリはさすがに無理？　税務否認される？

いや、大丈夫。

事業で使っているなら経費（減価償却）になる。

実際、知り合いの社長で、ランボルギーニを経費で落としている人もいる。

そもそもフェラーリが経費として否認される理由はなんなのか。

「仕事用ではない」とみなされるから。

では、仕事用の定義とはなんなのか。

よく聞くのは「４ドアじゃなきゃダメ」という話。
理由は「お客さんを乗せるから４ドア」。
確かに、お客さんを乗せるなら４ドアのほうが便利。
でも、車の用途はお客さんを乗せることだけじゃない。
荷物を載せるために車が必要な業種もある。
例えば、軽トラック。
軽トラは2ドア。そして、どこから見ても「仕事用」。
つまり、ドアの数は仕事用かどうかの判断基準にはならないということ。
スポーツカーでもオープンカーでも高級車でも外車でも、どんな車かは重要ではない。
経費になるかどうかの論点はただ一つ。
仕事で使っているかどうか。
仕事で使うなら、堂々と経費で落とそう。
ただし、車は固定資産。高級で高額な車であるほど手持ちの現金が減る。
そのため、現金残高の管理は十分に注意しよう。

50 ドローン事業で節税と運用を両立しろ

資金繰り経営がうまくいき始めると手元に十分過ぎる資金が貯まる。

ただ置いておくだけではもったいない。

なにか事業に使いたい。

そんな時はオペレーティングリースを検討してみたい。

オペレーティングリースは、機械、装置、車などを貸し出すリース事業。

リース会社を通じて商品を購入し、別の会社に貸すことによってリース料を得る。

リースする商品は、大きなものでは飛行機や船などがある。

「うちの事業と関連性がない」と言う人もいるけど、現金の運用方法の一つになり、商品の購入費が損金となるため、節税効果も見込める。

オペレーティングリースは、かつては航空機リース（航空会社が借り手になる）が人気だった。

しかし、コロナ禍で旅行需要が激減し、外国では航空会社が破綻した例も出ている。

また、航空機リースに限らず、オペレーティングリースはリース期間が長い。商品の購入代（リース料による利益を含む）が10年後に一括で戻ってくる例も珍しくなく、運用効果は高い、かもしれないが、その間の資金繰りが悪化する要因になる。

例えば、最近は購入代金が短期で戻ってくる節税手法もある。

例えば、ドローンのレンタル事業。

ある会社のドローンレンタルを例にすると、まずはドローンを購入する（購入すると言っても書面だけで、手元には届かない）。ドローン1台は単価が9万円のため、消耗品として損金に算入でき、１００台買っても１０００台買っても固定資産にはならない。消耗品費としてその期の損金に算入できるため、利益が多い期の節税手段となる。

そして購入と同時にドローンをレンタルする。レンタル期間は18カ月で、利益は投資額の５％。３カ月後から購入代金（レンタル料による5%の利益を含む）が18回の分割で戻ってくる。

節税にもなり、投資額の回収も早く、かつキャッシュも増える節税商品である。

節税を行っても資金繰りが悪くなったら本末転倒。

手持ちの資金をなるべく減らさない節税手法としてドローンレンタルはおススメである。

第３章

資金繰り専門の税理士を味方につけてキャッシュリッチ企業を目指せ

▼資金繰りは奥が深い！

本書で取り上げたテクは「レアテク」である。

もちろん知っている内容もあったと思うが、「そんな方法があったか」と驚く経営者もいるだろうし、「そんな方法があったか」と驚く税理士も少なからずいるはずだ。

できる限り、類書などで紹介されていないレア感あるテクニックを選んだが、その中でも現場で奮闘する経営者の役に立てるように、誰にでもできるものをピックアップした。

常に経営者目線に立って、これまで数千人の経営者をサポートしてきた経験から、経営が難しいことはよく分かっている。

しかし、簡単にできることもある。

その一つが、経営の考え方を資金繰り経営に変えること。

そして、資金繰りを万全にするために、基礎的なことからレアなことまで、できることまた、航空機リースに限らず、オペレーティングリースはリース期間が長い。商品の購入代（リース料による利益を含む）が10年後に一括で戻ってくる例も珍しくなく、運用効果は高いかもしれないが、その間の資金繰りが悪化する要因になる。

一方で、最近は購入代金が短期で戻ってくる節税手法もある。

例えば、ドローンのレンタル事業。

ある会社のドローンレンタルを例にすると、まずはドローンを購入する（購入すると言っても書面だけで、手元には届かない）。ドローン１台は単価が９万円のため、消耗品として損金に算入でき、１００台買っても１０００台買っても固定資産にはならない。消耗品費としてその期の損金に算入できるため、利益が多い期の節税手段となる。

そして購入と同時にドローンをレンタルする。レンタル期間は18カ月で、利益は投資額の５％。３カ月後から購入代金（レンタル料による５％の利益を含む）が18回の分割で戻ってくる。

節税にもなり、投資額の回収も早く、かつキャッシュも増える節税商品である。

節税を行っても資金繰りが悪くなったら本末転倒。

手持ちの資金をなるべく減らさない節税手法としてドローンレンタルはおススメである。

第３章

資金繰り専門の税理士を味方につけてキャッシュリッチ企業を目指せ

▼資金繰りは奥が深い！

本書で取り上げたテクは「レアテク」である。

もちろん知っている内容もあったと思うが、「そんな方法があったか」と驚く経営者もいるだろうし、「そんな方法があったか」と驚く税理士も少なからずいるはずだ。

できる限り、類書などで紹介されていないレア感あるテクニックを選んだが、その中でも現場で奮闘する経営者の役に立てるように、誰にでもできるものをピックアップした。

常に経営者目線に立って、これまで数千人の経営者をサポートしてきた経験から、経営が難しいことはよく分かっている。

しかし、簡単にできることもある。

その一つが、経営の考え方を資金繰り経営に変えること。

そして、資金繰りを万全にするために、基礎的なことからレアなことまで、できることをすべて取り組むこと。

本書の最後に、資金繰り経営をさらにレベルアップするための３つのポイントを紹介したい。経営者の皆さんにやってほしいことは３つある。

1　管理会計

2　銀行などの金融機関と仲良くする

3　いい税理士を見つける

▼会社のお金を管理する

1つ目は管理会計。

会計は大きく2つに分けられる。1つは財務会計、もう1つは管理会計。

財務会計は、外向けの会計といって良いだろう。

例えば、金融機関に融資を申し込む際に提出したり、納税のために行う会計は財務会計に含む。

損益計算書、貸借対照表、キャッシュフロー計算書などの財務諸表も、財務会計のために作るもの。法律（会社法とか金融商品取引法とか）で決められている会計基準なども、基本的には財務会計のためにあり、財務諸表もこの基準に則って作成する。会計をする期間、期限、財務諸表などの提出期限も決まっている。

一方の管理会計は、内向けの会計。内とは社内であり、グループ企業の場合はグループ内のこと。管理会計は誰かに見せるものではないため、資料作りなどに関するルールはない。提出するものではないので期限もない。さらに言えば、ルール的には、管理会計は行わなくてもいい。

ただ、資金繰り経営を実現するなら、管理会計は必須。

なぜなら、経営者は会社のリスクをお金の面から把握する立場にあるため、また、その責任を負っているから。管理会計を行えば、予算、粗利益、人件費、借入金などを細かく把握できるようになる。その結果、会社のお金の事情を正確に理解できるようになる。

では、ここで質問。

「前月の固定費はいくらでしたか？」

「いくらだったかなあ？」と言う経営者は、その時点で管理できていない。

「全然分からない」と言う人、答えた数字と実態が全然違う人、「税理士に聞かないと分からない」と言う人は、知らない間に倒産に向かっていると思ったほうがいいと思う。どんぶり勘定で成り立つほど経営は甘くない。

ちなみに、私は月次を確認しているため、正確に答えられる。私がサポートしている経営者の多くも、かなり細かく固定費を把握している。そういう社長たちの会社はそろって資金繰りが安定しているし、業績もいい。そういう状態を作るのが経営者の仕事。

経営者は数字に詳しく、数字に明るく、数字にシビアでなければならない。

▼予算と費用を把握する

では、管理会計ではどこに注目すればよいのだろうか。細かく管理し過ぎると手間が膨らんでしまうが、少なくとも予算と費用だけは注目しておこう。

予算については、今期、来期の数字を管理する。必要に応じて数年後を見据えた中長期的な数字を管理する。

例えば、今期の予算であれば、現時点でどれくらいの利益が見込めるか、前期と比べてどうか、金額は増えるのか減るのかといったことは基本情報として押さえておきたい。予算の動向をリアルタイムに近い情報として把握できていれば、レアテクで解説した節税対策なども打てるようになるだろう。期末になって「利益が多い」「少ない」などと慌てるのは、正しく予算を管理できていないことが原因。

まず、費用は固定費と変動費に分けて管理する。

固定費は、賃料、光熱費、人件費など売り上げの増減に関係なく必ず発生する費用のこ

と。変動費は、原材料費、加工費など売上に応じて増減する費用を指す。仕事量に応じて変わる外注費なども変動費に含める。

優良企業ほど変動費率はほぼ一定で推移するが、多くの中小企業はこの変動費率がぶれている。変動費が1％ぶれ、売上の1％の利益が変わるとしたら、年商10億円の会社は利益が1000万円変わることになる。これは金額的にも経営に与えるインパクトもかなり大きい。だからこそ、費用の管理を徹底して、変動費率がぶれない経営の実現が大事。先ほど質問した「固定費いくら？」も、費用の管理に関わる重要な問いと言える。

赤字の原因は、市場環境やニーズの変化などによる売上の減少が一因となることが多いが、無駄な固定費のせいで赤字に陥っている会社も少なくない。固定費がいくらか答えられなければ、無駄に気づけず、改善することもできない。景気はコントロールできないが、費用はコントロールできる。経営者判断で固定費を徹底的に削減することが、赤字削減や赤字からの脱却につながるのである。

管理会計は、単に数字を管理するための手法ではなく、経営改善に向けたあらゆる施策を練るきっかけにもなる。予算と費用を把握し、手元の資金が足りていないことが分かれば、原因を究明するとともに、解決策を考えることができる。保有する現金の目安は、固定費の6カ月。手元の資金が足りていなければ、金融機関から調達する。資金繰りをよくするために、売掛金の回収を早くしたり、建物、土地、有価証券などを現金化したり、手元の現金を減らさないという点で、買掛金の支払いを遅くする交渉をすることもできる。手元の資金が十分に足りていることが分かれば、そのお金を投資や運用に振り向けるといった施策も見えてくるだろう。社員を採用したり、既存の社員の賞与の原資として貯めておいたり、魅力的な投資先を探し、事業拡大の原資にすることもできる。現金をきちんと管理している会社は、思わぬ倒産リスクを減らせる。

また、現金をきちんと管理している会社だからこそ、投資、事業拡大、M&Aといったチャンスが来た時に、十分な現金を持ってチャレンジできるのである。

▼部門別会計で業績を伸ばす

管理会計に取り組むなら、さらにもう一歩踏み込んで部門別に会計を管理することも検討してほしい。

部門別会計は、その名のとおり、部門ごとの損益を把握するもの。まずは、どの部門が、どれくらいのお金を稼ぎ、どれくらいのお金を使っているかを管理する。そのうえで、部門ごとの目標を明確にして、成果や成績を評価しやすくする。

会社全体では黒字でも、部門別で見ると必ずと言っていいほど赤字部門がある。

管理会計で全体像をつかんでも、部門別会計の視点がないと詳細までは管理できない。

赤字部門を放置することによって経営が傾いたり、場合によって会社の致命傷になる可能性もある。戦略や事情によって赤字が必ずしも悪いとは断言できないが、経営者は現状の成果などを確認する必要があるだろうし、状況改善に向けて的確な指示を出すことも求められる。

稼げるようにするにはどうするか。どんな仕組みが必要か。

会社はなにに投資をし、なにを削減するのか。

そういった施策が部門別会計によって見えてくる。

管理会計をする目的は節税などではなく業績を伸ばすこと。業績は数字として表れるため、経営者は数字を細かく見る必要があるし、管理する必要がある。

一つ注意したいのは、管理会計は各社独自のルールや評価軸で見るということ。財務会計と違い、まとめ方のルールもなく、注目するポイントもバラバラ。

つまり、管理会計（部門別会計を含む）そのものが正しく機能しているかどうかが分かりにくく、客観的な視点で見ることが難しい。独自のルールで運用することによって、重要な数字や変化を見落としてしまうこともある。

そのため、より効果的に取り組むなら、税理士、公認会計士、経営コンサルタントなどにも見てもらうのが良いだろう。

私は税理士であり、業績アップのためのサポートも税理士の仕事の一部だと思っている。税務書類の作成だけ行う顧問税理士もいるが、経営改善の力になれる税理士もいる。そのようなスキルと実績を持つ税理士を見つけることが、経営改善に結びつくケースも多い。私が顧問を務めている会社がまさしくその例と言える。

▼今の現金残高を知っておく

資金繰りの視点で言うと、経営者が把握しておかなければならない数字がもう一つある。それは、手持ちの現金の額。つまり「今、手元にいくらあるか」。

経営者は誰もが売上や利益目標を立てる。

しかし、保有する現金の金額目標を立てている人はほとんどいない。すでに繰り返し書いてきたように、会社が生き残るか倒産するかの分かれ道は、売上でもなく利益でもなく、現金が回るか回らないかである。

そのため、経営の安定と持続的な会社の成長を目指すのであれば、いくら稼ぐか（売上、利益）のみならず、いくら現金を持つかを考え、目標として意識することが重要。

ちなみに私はスマホでいつでも預金残高を確認できるようにしている。

先月より預金は増えているのか、減っているのか確認し、気になる増減があれば、すぐに原因を解明するようにしている。

▼銀行の格付けを必ず意識する

経営者の皆さんにやってほしい2つ目は、銀行などの金融機関と仲良くすること。これも管理会計と同じくらい大切で、日常的な意識と取り組みが必要になる。

銀行などの金融機関と仲良くする理由はシンプル。資金が足りない時に貸してくれる最も身近な存在が銀行などの金融機関だからである。最近は資金調達の方法が増えた。貸してくれる機関も増え、借り方のスキームも多様化している。

しかし、王道はやっぱり融資。銀行などの金融機関が味方になると資金繰りの不安はかなり軽減できる。

そのためには、銀行などの金融機関が「貸してくれる会社」であることが大前提。理想は銀行など金融機関に「貸したい」「借りてほしい」と思われる会社になることだが、そこまでいかなかったとしても、せめて「貸してもいい」と思われるくらいの立場は維持したい。

では、銀行などの金融機関はなにを見て融資を判断するか。判断基準の一つは「信用格付」。格付けの基準は金融機関によって違うが、会社は信用度合いによって銀行にランク付けされている。融資は銀行などの金融機関にとって飯の種だが、貸倒リスクは避けなければならない。そのために信用格付けを踏まえ、貸しても良いかどうか判断する。

仮に格付けが10段階とすると、1～6は正常。銀行などの金融機関にとっては「貸したい」か「貸してもいい」レベル。

7は要注意で、赤字会社、事業が低調な会社、財務状況に問題がある場合にここに入る。

8は破綻の可能性がある会社で、返済の延滞などがあるとここにランク付けされる。

9は債務超過などにより実質的に破綻している会社、10は実質的にも法的にも破綻している会社。

融資を受けるうえで、8、9、10は絶望的。

7は、場合によっては融資可能になるが、ハードルは高い。

つまり、融資を受けるためには最低でも1～6に入っている必要がある。

▼赤字は信用を傷つける

重要なのは、格付けを下げないこと。そのためには、まず赤字を出さないことが大事。返済の遅延なども起こさない。税金も納期までにしっかり納める。遅延については注意していれば防げるが、コロナ禍のような状況では、赤字は避けるのが難しい場合もあるかもしれない。

しかし、どういう状況でも、銀行などの金融機関は赤字を嫌う。それは事実として覚えておかなければならない。

また、一度くらいの赤字なら、翌年（次の期）に黒字に戻ればそれほど評価に影響しない。ここでもやはり管理会計が重要になる。管理会計で現金残高を見ていけば、赤字の要因が見えやすくなる。要因が見えれば、解決策も考えられる。

例えば、固定費を抑える、役員報酬を下げるといった施策が考えられる。

コロナ禍のような状況では、入ってくるお金（売上）を伸ばすのは難しいが、出ていくお金（経費）を抑えるのは比較的簡単だ。今期の赤字が確実だった場合、来期はどうだろうか。黒字が見込めるのであれば、黒字回復が確実になるように、今期で処理できる赤字は今期で処理するといったこともできるかもしれない。この処理は税制上のルールを違反しないように税理士に相談する必要があるが、合法的に来期の黒字化の確率を高めることはできる。問題は、来期も赤字になりそうな場合だ。2期連続の赤字になると融資はかなり難しくなる。

さらに困るのは3期連続の赤字。こうなると、融資は絶望的になる。そうなってしまう前に、資産を売却して営業外収入を増やしたり、経営者に掛けている保険や倒産防止共済などを解約する方法を検討してみよう。

備えあれば憂いなし。第2章で紹介したレアテクで資金繰り対策しておくことが、いざという時に役に立つ。

▼銀行が惚れる企業になろう

「貸してもいい」から「貸したい」にランクアップするためには、基本は決算書の見栄えを良くすること。

ただ、もっと基本的なこととして、銀行などの金融機関や担当者との関係も重要。

例えば、口座を作ってつながりを作る。コツコツ積み立てて現金があることを知ってもらう。最近は金融機関が投資信託などを扱っているため、そのような商品をちょっと買ってみてもいい。

つまり、日常的な付き合いが大事ということ。この点は、貸す側の立場になってみれば分かりやすいはず。

見ず知らずの人にお金は貸さない。

正体不明の人にもお金は貸さない。

融資の担当者も基本的にはそう考える。

また「貸してほしい」と頼み「いいですよ」と快諾されるのは基本だが、できれば銀行などの金融機関から「借りてくれませんか」と声がかかる会社を目指したい。

この点も、貸す側の立場になってみればよく分かる。

一方、「貸してほしい」と言わない人は、お金に困っていないし、借りる理由がないから、「貸してほしい」人はお金に困っている。つまり、貸す側として貸すリスクがある。

一方、「貸してほしい」と言わない人は、お金に困っていないし、借りる理由がないから、貸してほしいと言わない。融資の担当者は、そういう会社に貸したい。「貸してほしい」と言わない人なら、回収不能になるリスクをほとんど取ることなく利息が取れる。そのような心理が働くため、結果、お金を持ってる会社にさらにお金が集まる。恋愛に例えれば、モテる人がたくさんの人にモテる一方、モテない人は全然モテないと言うこと。

では、現状のモテ具合はどの程度だろう。

例えば、毎月のように融資の担当者から連絡がくる。これは気に入られている可能性がある。恋愛と同じで、相手が「会いたい」と思っているサイン。担当者が上司と一緒に来たり、投資信託などを勧められる。これもいい兆候で、惚れられている可能性が高い。担当者にとって上司は家族のようなもの。恋愛相手に家族を紹介するのは、かなり脈ありと言える。上司を連れてくるようになったら、借りられる金額も増える。金融機関内では役職が上がるほど融資を決定できる金額が大きくなる。他行との取引について聞かれたら、かなり惚れられている。これは、異性に「付き合っている人がいるか」「どんな人なのか」と聞くようなもの。こういう質問は気がある相手にしかしない。

会社側からすると、好意を持ってくれる金融機関は1行より2行のほうがいいし、できれば3行くらいあると安心だろう。これは融資元を複数持つという意味もあるが、お互いを意識させる意味もある。銀行などの金融機関は他行の様子を気にする。他行との取引状況や付き合いを聞くのもその一つで、「あの銀行が貸すなら、うちも貸そう（貸して大丈夫）」と判断するケースが多い。現状としてそこまで惚れられていなければ、これからの対応で惚れさせよう。

例えば、担当者が売り込みに来る商品を付き合いで買ってみる。買うのが難しくても、少なくとも営業トークをきちんと聞く。細かなことだが、重要なのは積み重ねだ。付き合ってもらいたいなら、付き合う。良い関係は一朝一夕で築けるものではない。

▼税理士はなんでも知っている？

経営者の皆さんにやってほしいことの３つ目は、いい税理士を見つけること。

「いい税理士」の定義は難しい。

というのも、税理士にはそれぞれ得意分野がある。まず知ってほしいのは、税理士だからといって税について万能ではないということ。どんな税理士も、税務の基礎知識は持っているはず。ただ、税務と言っても幅広い。日々の会計処理が得意な人、相続税の処理が得意な人、節税対策が得意な人、そして、資金繰りが得意な人などがいる。

また、会計処理一つとっても、個人事業主向け、中小企業向け、大企業向けといった違いがある。

例えるなら、医者のようなもの。

内科がいて、外科がいて、耳鼻科がいて、小児科がいて、脳外科がいて、精神科がある。

内科の中にも消化器系、胃腸系などがある。足を骨折した時に精神科に行く人はいないだろう。応急処置くらいはしてくれるかもしれないが、専門が違えば完璧な治療は受けられない。

ところが、経営者は「税理士は税務全般に詳しいはず」と思っている。

「税金のことは顧問税理士に任せておけば大丈夫だろう」と思っている経営者も多い。

これは大きな勘違い。

税理士に限らず、弁護士にもスポーツ選手にも言えるが、基礎が分かっていることと、その分野内の特定の知識に長けていることとは、大きな違いがある。

資金繰りなら、資金繰りに強い税理士を見つける。

月次をまとめてほしいなら会計処理に強い税理士を見つける。

どんな目的で、何がしたいかを踏まえたうえで、そのニーズを満たせる税理士が「いい税理士」なのだ！

▼補助金申請は専門性が高い分野

資金繰り改善のできる税理士は、どんな税理士だろうか。

例えば、補助金採択のノウハウや実績を持つ税理士はいい税理士と言える。補助金の活用は資金繰り改善の大きな武器になるし、この分野に知見がある税理士なら、「資金繰りを楽にしたい」というニーズを満たすことができる。

重要なのは、税理士全員が補助金に詳しいわけではないということ。補助金の手続きは専門性が高いため、過去に補助金採択の申請や手続きをした経験がない税理士には手出しできない。「頼みやすいから」「近くにいるから」という理由で顧問税理士に頼んでも、その顧問税理士がたまたま補助金に詳しい人でない限り、補助金は採択できないだろう。

「経営者仲間からこういう補助金があると聞いたんだけど、うちの会社も申請できるだろうか」

そう聞けば、顧問税理士はおそらく「調べてみます」というだろう。士業のプライドがある税理士は「できません」「分かりません」とは言い出せないもの。だから「調べてみます」と答える。その答えを信じて、経営者は採択される可能性がない補助金を待ち続ける。そうこうしているうちに、魅力ある補助金は別の誰かの手に渡ってしまう。

補助金は申請ありき。申請しなければお金は出ないし、待っていて勝手にお金が降ってくるような仕組みではない。

また、補助金は申請しても通らないこともある。補助金は多数の種類があり、いつ募集されるか分からず、急に終わることもある。

その点で、補助金は戦いである。奪い合いと言ってもいい状況の中で、ノウハウや実績がない税理士に期待するのは実に無駄だ。時間の無駄になるだけでなく、ノウハウがある税理士に依頼し、補助金を得られていたかもしれない機会も無駄になる。まずは、このサイクルから抜け出そう。

余談だが、相続にまつわる税務の相談もこのパターンで失敗することが多い。

相続の税務とは、事業承継時に発生する税金の手続きや、経営者が持つ株やその他資産の相続で発生する相続税節税の相談など。これも「顧問税理士に任せておけば大丈夫だろう」と考える経営者が多いが、正しく処理できる税理士は少ない。日本には約８万人の税理士がいる。一方、１年間で発生する相続案件は11・５万件しかない。単純計算すると、税理士１人あたり１年に１・４件しか相続を扱っていない。しかも、相続相談は相続専門の税理士に依頼が偏ることが多いため、実態として、１年に１件も相続を扱わない税理士はたくさんいる。過去に１件も扱ったことがない税理士もいる。

つまり、税理士全般として相続に詳しい人は少なく、経験やノウハウが身に付きにくいということ。そういう人に相続の税務を頼んでも、うまくいく可能性は低い。基本的な手続きはできるだろうけど、多額の相続税が発生する。「税理士は税務全般に詳しいはず」と思い込んでしまうせいで、節税できず、後継者の相続税負担が大きくなり、円滑な事業承継ができなくなってしまう。

▼提案できる自信と実績に注目

では、補助金に強い税理士はどうやって見つければ良いのだろうか。

ポイントは2つある。

まずは、補助金の活用を提案してくる税理士。

提案するということは自信があるということ。提案できるくらいのノウハウや実績があるため、このタイプであれば補助金採択の可能性は期待できる。腕前の細かなところまでは分からない。ただ、経営者としては話を聞いてみる価値はあるだろう。提案が来なければ、ウェブで検索して、補助金採択の支援を強みに掲げている税理士を見つける。近くにいるから、すぐに相談できるから、という理由で相談するのはやめよう。重要なのは、自信の裏付けとなるノウハウや実績だ。

実績は、資金繰りに強い税理士を見つける2つ目のポイント。過去にどれくらい補助金申請を支援したことがあるか、そして、そのうちの何件、補助金採択に結びつけたかを比べることで、補助金採択の可能性は高くなる。

実績は簡単に調べられる。

中小企業庁に、認定支援機関という機関がある。正式名称では「中小企業経営力強化支援法に基づき認定された経営革新等支援機関」というもので、要するに、中小企業経営の相談先として、専門的知識や実務経験が一定レベル以上ある人を中小企業庁が認定するものだ。認定対象となるのは、税理士を含む士業や金融機関など。認定を受けたい人は申請し、認定されると認定支援機関の認定者リストに載る。税理士はほとんど認定を受けていると思う。

この認定者のリストは個人でも閲覧可能。リストは都道府県別で、もちろん私も載っている。しかも、認定されているかが分かるだけでなく、補助金などの支援実績の件数も見られる。いつ、どの補助金に申請したかが分かり、その結果として、採択を受けた（または受けられなかった）かも分かる。このリストを踏まえることで、補助金申請を依頼する税理士の実力が見える。

私の例でいうと、平成29年、平成30年に「ものづくり補助金」を10件扱った。補助金の全国の採択率は3割くらいで、私の実績は7割だった。同じ補助金でほかの税理士事務所などを見ると、採択率50％の人もいるし、採択件数0件の人もいる。全国的に名が知られ、テレビやウェブでたくさん宣伝している事務所でも実績が良くないこともあるし、補助金獲得をテーマとした本も出している人が、平均より実績が少ないこともある。知名度や認知度で選ぶ経営者もいると思うが、実績とリンクするとは限らない。広告を出し、「補助金申請の支援をします」と提案をする税理士でも実績が高くないことがあるので、依頼時には実績をきちんと確認することが大事。

▼税率を気にせず役員報酬を取る

いい税理士の見つけ方について、最後にもう一つだけ。

これは倒産回避や赤字脱却のための資金繰りというよりも、資金を増やし、会社と個人の資産を増やしたいと考えている人へのアドバイス。

一般的な税理士がよくいう話で「役員報酬は９００万円くらいまでに抑えたほうがいい」という論がある。結論から言うと、こういうアドバイスをする税理士に相談しても、一生お金持ちにはなれない。

そもそも「９００万円くらいで抑えたほうがいい」という主張の背景には、それくらいに抑えておかないと、役員報酬にかかる税金が法人税よりも高くなってしまうから、という理由がある。法人税の実効税率は33％くらい。

一方、個人が納める所得税と住民税は、住民税が10％で、所得税は累進課税で所得に応じて最高45％まで上がる。

この仕組みを踏まえて、収入を抑えて節税しましょうというわけである。

でも、本当にそうだろうか。

所得税と住民税が33％を超えるラインは確かに９００万円だが、それは所得が９００万円であって、給与が９００万円ではない。

所得は、給料からあらゆる所得控除を引いた後の金額のこと。所得控除には、社会保険料控除、生命保険料控除、配偶者控除、扶養控除、小規模企業共済控除、医療費控除などたくさんある。そして一番大きい給与所得控除も引かれる。そうなると、控除の内訳などによって多少の個人差はあるが、給料が１４００万円前後の人が所得９００万円となる。つまり１４００万円までは税率を気にせずに給料をもらったほうがいいのである。

ここまでが前提の話。

私が伝えたいのは、そこではない。会社と個人の資産を増やしたいのであれば、報酬の上限など気にせず、たくさんもらったほうが良い。そのことを、経営者の皆さんに伝えたい。仮に所得税・住民税率が最高税率の55%に達したとしても、そんなことは気にせず、役員報酬を取る。役員報酬が増えるほど納税額は増えるが、同時に手取りも増える。

手取りを増やし、手元の資金を増やすことで、そのお金を運用して増やすという選択肢ができる。実際、世の中の富裕層は、ほぼ例外なく、そうやってお金を増やしている。

「役員報酬を抑えよう」「節税しよう」と考えるのは、富裕層になる道を自ら避けているのと同じなのだ。

「資産を増やしたい」「お金持ちになりたい」と思うのであれば、目先の納税額ではなく、手元の資金を増やすことを考えることが大事。

税金をケチって役員報酬を抑えている人は、いつまで経っても富裕層にはなれない。

断言してもいい。

「900万円までに抑えましょう」という税理士は、富裕層のお金の増やし方を知らない。

「所得税のことなど気にしてはダメです」

「たくさんもらって、そのお金を運用してください」

そんなアドバイスができる人が、お金持ちになりたい経営者にとって「いい税理士」と言えるだろう。

おわりに

外部環境が変わり続けている以上、経営には時代を超えて通用するような「これ」という正解はない。

正解がないということは失策や失敗のリスクが常にあり、リスクを避けて挑戦しなければ、会社はただただ衰退していく。

このことから分かるのは、経営者には2つの使命があるということ。

1つ目は、失敗しても潰れない体力をつけること。

2つ目は、失敗を恐れず、挑戦し続ける体力をつけること。

この体力に当たるものが、「資金」。

お金があれば潰れない。

お金があれば挑戦できる。


もちろん外部環境の変化によって利益が減ることもある。

しかし、それは突き詰めれば経営者の責任ではなく、外部要因のせい。

コロナ禍は分かりやすい例で、働き方が変わり、消費者の消費行動が変わった。

それが強烈な逆風となっている会社もあるけど、失策や失敗のリスクをとって経営している以上、逆風が吹いて経営が苦しくなるのは仕方がないこと。

ただ、逆風が吹き、会社が潰れるようなことになれば、それは経営者の責任かもしれない。

なぜなら、どれだけ強い逆風が吹いたとしても（もちろん限界はあるけど）、その状況を耐え抜くだけのお金があれば、あるいは、お金を調達できる手段を確保できていけば、潰れる事態は避けられるから。

私が税務やセミナーなどを通じ、全国７０００社以上の会社に提供しているのは、そのための方法、考え方、ノウハウ、テクニック。詳しい話を聞き、資金繰りについてより深く知るために、このようなセミナーに参加してほしいし、信頼できる税理士を見つけて、積極的に相談してほしい。

ピンチはチャンス。

多くの企業が逆風にさらされている時だからこそ、資金を持つ会社のみがつかめるチャンスがある。

チャンスはピンチ。

いずれ誰もが儲かる環境がやってきた時に、資金不足のせいで投資や拡販の機会を見過ごすことになれば、競合に差をつけられ、ピンチが訪れる。

つまり、資金繰りさえうまくなれば、外部環境がどう変わろうと、チャンスをつかみ、ピンチを避けられる。

経営に正解はないと書いたけど、資金繰りは、もしかしたら唯一の正解かもしれない。

「Cash is King（現金最強）」。

そのことを念頭に置いて、会社を守り、成長させていく道を切り拓いてほしい！

菅原由一

菅原由一（すがわら・ゆういち）

SMGグループ CEO
SMG菅原経営株式会社 代表取締役
SMG税理士事務所 代表税理士

1975年三重県生まれ。税理士。

東京・名古屋・大阪・三重に拠点を置き、中小企業の資金繰りコンサルタントとして活躍。銀行が絶賛する独自資料の作成で赤字会社も含め融資実行率は95%以上。顧問先の黒字企業割合は85%を実現している。

これまで700本以上のセミナー講師を務め、7,000名超の経営者が受講し、TV、専門誌、新聞、各メディアからの取材も多く、大手企業からの講演依頼も多数。

アメーバブログ「脱！税理士 菅原のお金を増やす経営術！」は人気を博し、Ameba公式トップブロガーに認定。

前著に『会社の運命を変える究極の資金繰り』がある。